國家藝術基金
CHINA NATIONAL ARTS FUND

本书为 2020 年度国家艺术基金传播交流推广资助项目

"苏绣艺术文献展（1949 ～ 2019）"

〔项目编号：2020-A-04-（070）-346〕研究成果

针启华章

——中国工艺美术大师李娥英的湘艺人生

苏州博物馆 苏州市档案馆 苏州中国丝绸档案馆 编著

文物出版社

图书在版编目（CIP）数据

针启华章 ：中国工艺美术大师李娥英的满艺人生 ／
苏州博物馆，苏州市档案馆，苏州中国丝绸档案馆编著
. —— 北京 ：文物出版社，2023.3
ISBN 978-7-5010-8009-0

Ⅰ．①针… Ⅱ．①苏… ②苏… ③苏… Ⅲ．①李娥英
（1926-2018）－生平事迹 Ⅳ．① K825.72

中国国家版本馆 CIP 数据核字（2023）第 053067 号

针启华章 ——中国工艺美术大师李娥英的满艺人生

苏州博物馆　苏州市档案馆　苏州中国丝绸档案馆　编著

责任编辑：戴　茜
摄　　影：张　冰
书籍设计：特木热
责任印制：王　芳

出版发行：文物出版社
社　　址：北京市东城区东直门内北小街 2 号楼
邮　　编：100007
网　　址：http://www.wenwu.com
经　　销：新华书店
印　　刷：北京荣宝艺品印刷有限公司
开　　本：787mm×1092mm 1/16
印　　张：14
版　　次：2023 年 3 月第 1 版
印　　次：2023 年 3 月第 1 次印刷
书　　号：ISBN 978-7-5010-8009-0
定　　价：220.00 元

主　编

谢晓婷　虞爱国

副主编（按姓氏笔画排序）

卢　朗　李　喆　陈　凯　茅　艳

郑丽虹　贾　莉　陶苏卫　程　义

执行主编

张云林　金　怡

编　辑（按姓氏笔画排序）

朱恪勤　江伟达　许　平　杨　艺

杨　钰　张　帆　相明洁　俞　菁

姚晨辰　钱莺歌　谢　静

艺术顾问

余福臻　（中国工艺美术大师、国家级非物质文化遗产
　　　　　项目苏绣代表性传承人）

黄晓洁　（高级工艺美术师、原中国苏绣艺术博物馆副馆长）

邱　斐　（李娥英次子）

英文翻译

王　翠

序

苏绣是苏州一张靓丽的名片，亦是江南的一颗璀璨明珠。苏绣和江南，是两个割裂不开的符号，她承载了江南的温婉柔美，亦从一个侧面映射出吴地人民的文化生活和民间习俗。作为中国四大名绣之一，不同于湘绣的繁复多样、蜀绣的鲜明亮丽、粤绣的富丽堂皇，苏绣的"精细雅洁"宛如苏州评弹一般婉转细腻，不经意间就一眼千年。

本书为 2020 年度国家艺术基金传播交流推广资助项目"苏绣艺术文献展（1949～2019）"研究成果之一，在全面梳理苏州博物馆藏的基础上，选取获得首批"中国工艺美术大师"和"国家级非物质文化遗产项目苏绣代表性传承人"荣誉称号的李娥英作为研究对象，以其苏绣作品、理论著作、专业评述、创作年表等内容，同时结合苏州市档案馆所藏档案文献，全景再现大师的生平事迹和艺术成就，特别是其在苏绣工艺传承创新的坎坷道路上所做出的贡献。

李娥英（1926～2018），曾任原苏州刺绣研究所针法研究室主任、原中国苏绣艺术博物馆副馆长等职。她的成长可追溯至 20 世纪 50 年代，这位通过合作化道路进入姑苏城的农村顶尖刺绣巧手，在半个多世纪的历史长河里，言传身教，传承创新发展苏绣技艺，研发出大批极具民族精神又有时代气息的精品力作。她是当代苏绣双面绣的主要开拓者和领军人物，是汇集苏绣针法大成和运用针法的杰出高手，更是当代苏绣精品技艺设计和改革创新的奇才，编著有《苏绣技法》《苏绣针法汇编》等。

李娥英老师曾于 1997 年向苏州市政府无偿捐赠 124 件（套）苏绣精品力作。对于她无私奉献的精神，致以崇高的敬意！

苏州博物馆馆长
二〇二三年元月于苏州

Suzhou Embroidery is not only a beautiful name card of Suzhou, but also a bright pearl of Jiangnan. Suzhou Embroidery and Jiangnan are two inseparable symbols. Suzhou Embroidery bears the gentleness of Jiangnan, and also reflects the cultural life and folk customs of people living in Wu area from one side. As one of the "four famous embroideries" in China, it is different from the complexity and diversity of Hunan Embroidery, the brightness and brilliance of Sichuan Embroidery and the gorgeousness and magnificence of Guangdong Embroidery. The "fineness and elegance" of Suzhou Embroidery is as graceful and delicate as Suzhou Pingtan, which has been passed down for thousands of years.

This book is one of the research achievement of "Suzhou Embroidery Art Literature Exhibition (1949-2019)", a project funded by the China National Arts Fund in 2020. On the basis of comprehensively sorting out the collections of Suzhou Museum, Li E'ying, who won the first batch of honorary titles of "Master of Chinese Arts and Crafts" and "Representative Inheritor of Suzhou Embroidery under National Intangible Cultural Heritage Project", is selected as the research object. By studying her Suzhou embroidery works, theoretical works, professional comments, creation chronology and other materials, combined with the data collected by Suzhou Archives, this exhibition tries to provide a panoramic representation of the master's life story and artistic achievements, especially her contribution to the inheritance and innovation of Suzhou Embroidery.

Li E'ying (1926-2018), was the former director of the Needlework Research Office of Suzhou Embroidery Research Institute and former deputy director of China Suzhou Embroidery Art Museum. Her growth can be traced back to the 1950s. This top embroidery crafter from rural areas entered Gusu City through Cooperative Path. In the long history of more than half a century, she inherited and developed Suzhou embroidery skills through words and deeds, and developed a large number of fine works with the national spirit and the atmosphere of the times. She is the main pioneer and leader of contemporary Suzhou Double-sided Embroidery, an outstanding master in the integration and application of embroidery stitching, as well as a genius in the design, reform and innovation of contemporary Suzhou Embroidery fine craft, who has compiled "Suzhou Embroidery Techniques" "Collection of Suzhou Embroidery Needle Skills" and so on.

In 1997, Ms. Li E'ying donated 124 pieces (sets) of Suzhou embroidery masterpieces to Suzhou Municipal Government. To her selfless dedication, I would like to pay high respect!

Director of Suzhou Museum Xie Xiaoting

January 2023, Suzhou

目 录

引言

苏绣艺术发展之路

（张云林　苏州博物馆）

　　中国的刺绣工艺在秦汉时期便已达到较高水平，是历史上"丝绸之路"运输的重要商品之一。纵观我国刺绣艺术的发展历史，自古以来按地域、民族的不同，逐渐形成了风格迥异的艺术绣品，至清代确立了中国四大名绣——苏绣、湘绣、粤绣、蜀绣。

　　苏绣的发展，离不开苏州经济和文化的支撑。其最早可追溯至春秋时期，宋元两代开始，苏州的经济文化得到长足发展，而宋代正是苏绣发展的重要时期。至明清两朝，苏州的发展水平达到历史巅峰，成为全国著名的经济文化中心。清代苏州形成了"绣市"，清末刺绣艺术大师沈寿以"中学为本、西学为用"，汲取西洋油画的光与影、明与暗的绘画理念，革新中国传统刺绣针法和色线用法，"仿真绣"自成一派。

　　当下，苏绣是以苏州为中心的刺绣产品的总称。中华人民共和国国家质量监督检验检疫总局国家标准《苏绣》（GB/T 38029-2019）于2020年3月1日起正式实施，标准中对苏绣的解释为"以苏州地区为中心产区，以染色纯桑蚕丝（含盘金）为绣线，应用苏绣针法并手工运针走线，在桑蚕丝织物、桑蚕丝粘胶长丝交织物等底料上刺绣成具有特殊艺术效果的单、双面观赏品和实用品"。

一　苏绣溯源

（一）苏绣的历史

　　苏绣是以苏州为中心的刺绣产品的总称，其发源地在苏州吴县一带，现已遍衍无锡、常州、南通等地。刺绣与养蚕、缫丝分不开，所以刺绣又称丝绣。

　　苏绣历史起源很早，据《说苑》记载，在春秋时期，"晋平公使叔向聘吴，吴人饰舟以送之，左五百人，右五百人，有绣衣而豹裘者，有锦衣而狐裘者"。可知两千多年前的春秋时期，吴地就已将刺绣用于服饰。

　　关于苏绣实物的图文记载，可追溯至西汉时期的史料。1956年3月在苏州虎丘塔出土的北宋建隆二年（961年）的刺绣经帙，为现存最早的"苏绣"标本。罗地染作粟壳色，绣以米黄偏金色泽的莲花，花心以淡绿色的莲实缀以米色莲蕊，一花呈盛开状，一花为侧态，姿态写实。花外缠以绕枝、茨叶状的叶瓣，以米绿色晕线绣制，色彩雅致秀丽，针法严谨庄重。刺绣经帙虽为残片，针迹上不甚工整，但可以看出当时已能运用接针、斜缠、细针、抢针等多种针法，实为难能可贵。而1978年苏州盘门内瑞光塔出土的北宋刺绣经袱，在针法上已能运用铺针和施针，对于研究古代工艺和苏州刺绣历史及其发展具有重要意义。

　　明人张应文所撰《清秘藏》对宋代刺绣评价极高，"宋人之绣，针线细密，用线一二丝，用针如发细者为之。设色精妙，光彩射目"。自宋代以后，苏州刺绣之技十分兴盛，工艺也日臻成熟。农村"家家养蚕，户户刺绣"，城内还出现了绣线巷、滚绣坊、锦绣坊、绣花弄等坊巷，可见苏州刺绣之兴盛。当时不仅有以刺绣为生者，而且富家闺秀也往往以此消遣时日，

苏州虎丘塔出土北宋刺绣经帙（苏州博物馆藏）

仿苏州虎丘塔出土北宋刺绣经帙（李娥英复制，苏州博物馆藏）

陶冶性情。此后，所谓"闺阁绣""民间绣""宫廷绣"[1]的名称也由此区别而来。

苏绣的发展，与苏州经济和文化相辅相成。自宋以后，历经元、明初，至明代中晚期，随着苏州成为重要的经济文化中心，吴地雅俗合流的文化特征也逐渐成熟，众多门类的手工艺品逐步确立了引领市场的标杆地位，产生了具有全国范围的影响力，各类品种更是多达三千多种，

[1] "闺阁绣"主要指文人画绣，画绣尤指那些生活条件优渥、能诗善画的名门闺秀的作品。"民间绣"主要以民间日用品为主，包括衣饰、被面、屏风、壁挂等。"宫廷绣"指专为皇室内苑绣制各种服饰及刺绣欣赏品。

被冠以"苏"字号的苏绣、苏扇、苏灯、苏玉、苏式家具、桃花坞木刻年画等多达十余个门类，这在全国是绝无仅有的。

明代的苏绣已经发展成为一项广泛的百姓副业。在绘画艺术方面出现了以唐寅、沈周为代表的吴门画派，有力地推动了苏州刺绣在题材方面的拓展延伸。另外，明末上海露香园顾绣代表人物韩希孟（嘉靖进士顾名世之孙顾寿潜妻），善画花卉，工刺绣，摹绣古今名人书画，所绘绣宋元画家真迹最为传神。这种刺绣艺人结合绘画作品进行的再创作，所绣佳作栩栩如生，笔墨韵味淋漓尽致，有"以针作画""巧夺天工"之称。自此，刺绣艺术在针法、色彩、图案诸多方面已然形成独特的艺术风格，在艺苑中吐芳挺秀，与书画艺术媲美争艳。从技术方面看，顾绣（韩媛绣）是从苏绣蜕变而来，并对后世苏绣的发展产生了积极的影响，具有承前启后、继往开来之担当。在当时经销苏绣的商人常以"顾绣"或"顾绣庄"冠名，致使"苏绣""顾绣"混为一谈，这个情况一直延续到新中国成立初期。

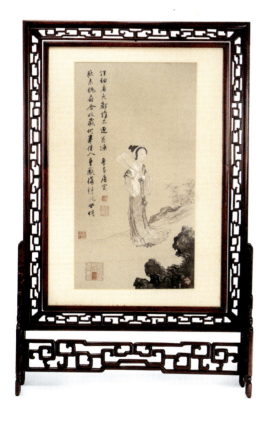

仿明唐寅《秋风纨扇图》台屏
（李娥英绣，苏州博物馆藏）

清代伊始，朝廷专门设置了和刺绣有关的江南三织造（江宁织造、苏州织造、杭州织造），如四大名著之一《红楼梦》的作者曹雪芹的祖父辈就曾在江宁织造任职。清代"刺绣之艺，吴中为盛"，而此时亦是苏绣发展的鼎盛时期。道光年间，苏州刺绣业于护城河东的葑门水仙弄建"顾公祠"（1956 年发现绣祖庙），奉顾名世为"绣祖师"，"以奉其祀"。同治六年（1867 年），绣业创立"锦文公所"，及至光绪十年（1884 年），苏州经营刺绣的绣庄著名的有人和瑞、人和震等 72 家，其后甚至发展到 150 多家。从清末开始，苏绣行业受到当时一些西方文化的影响，以沈寿为代表的苏绣艺人不断创新，创造出了光线明暗对比强烈、富有立体感的艺术风格，作品表现形式更加多样。

20 世纪 30 年代，苏绣艺术家杨守玉❶汲取西洋画中素描与钢笔画的技法，突破传统刺绣"排比其针、密接其线"的基本针法，创造了线条长短交叉重叠的"乱针绣"。作为杨守玉先生的得意门生，任嘒閒于 20 世纪 50 年代在融合西洋画和中国画绘画技法、乱针绣及传统绣特点与技法的基础上，将西方绘画素描笔法与中国画的留白意境相结合，独创"虚实乱针绣"，在绣品中多处留白。这一新型绣法借鉴素描单一的笔触，通过用针的疏、密、远、近，使交叉的线条有了立体感、层次感、透视感，在艺术上达到了以少胜多的独特境界。

仿明代顾绣《一品当朝》挂屏
（李娥英绣，苏州博物馆藏）

---

❶ 杨守玉（1896 ～ 1981 年），女，生于常州，乳名祥名，学名杨韫，字瘦玉、瘦冰，后改名守玉，字冰若。正则绣创始人，现代刺绣工艺家。工画善绣，能诗会文，爱好金石。

《沈寿像》（梅桂英绣，苏州博物馆藏）

《济公图》轴（沈寿绣，苏州博物馆藏）

《杨守玉像》（任嘒閒绣，苏州博物馆藏）

新中国成立前，苏州没有专门从事艺术品生产的绣庄，仅在各女子学校设有绣工课。这一时期的苏绣艺术品和整个苏绣行业一样，处于低落状态。至新中国成立初期苏州刺绣研究所成立以来，李娥英作为仿真绣的先锋，创作了大量优秀的苏绣作品，很多被各大博物馆、美术馆收藏，并数次被选作国礼赠予外国元首，她也多次赴海外进行刺绣表演。

21世纪初，随着原苏州刺绣研究所等相关机构的整体改制，中国民间（刺绣）艺术之乡——镇湖，抓住机遇迅速集聚起产业群，万名绣娘为苏绣产业群的形成起到推波助澜的作用。如今，越来越多的"学院派"绣娘，具备了很高的艺术修养，追求生活化的新美学，衍生出众多的表达形式，为苏绣艺术的未来发展注入了新生力量。

享有"人间天堂"之美誉的苏州，其素有的古典美、诗意美早已融入苏绣的精髓之中，这也是苏绣能够闻名于世的一个重要原因。苏绣诞生在吴文化形成之初，延续千年而不间断，一直以来都深受吴文化的滋养，已与吴地的文化精神深深地融合在一起，密不可分。苏绣饱经历史的积淀，亘古至今的传承创新，逐渐形成了自身"精细雅洁"的艺术风格，为世人所称道。千百年来，苏绣以活态方式不断演化发展，与江南人的日常生活紧密交织，世代相传，经久不息。苏绣从最初的单线辫股勾勒轮廓，发展到今天变幻多姿的各种针法，经历了由简到繁、由粗到细的蜕变过程，逐渐形成了丰富多彩的艺术表现手法，凝结着江南地区的民情风俗，自然积淀出一种独有的地域文化印记，成为江南文化的一张靓丽名片。

（二）苏绣里的民俗

旧时，苏绣配饰在风俗时尚中的作用尤为突出。据记载，当时年轻女性将自己绣制的裙褴（古代的一种钱包）、香囊、手帕等日常生活中的小物品，作为侍奉长辈的礼仪性标志。年轻人前往父母、外公家族等家中拜访时，随身都要腰佩香囊，以示对长辈的尊敬。另外，有的香囊还绣制灵兽，具有辟邪的作用。

刺绣是中国女红（女工）中最突出的一种，从女红文化看苏绣，无疑是研究论证江南女性文化的最好素材。据说，三国时期的吴王赵夫人就有"三绝"绝活——可在指间以彩丝织成龙凤之锦是为"机绝"，能用针线在方帛之上绣出"五岳列国"地图是为"针绝"，又以胶续丝发作罗丝轻幔是为"丝绝"。而历史上的绣娘，由于所处阶层、社会地位、从事绣种的不同，大致可分宫廷、闺阁、民间几类。

苏绣在相当长的一段历史时期，成为吴地人们的生活根本，它与当地人的衣食住行、婚丧嫁娶等人生大事密不可分。在明代以前，苏绣一直深藏秀阁，作为女儿家的私物而极少示人。它们通常只有两个用途：一是作为嫁妆陪嫁；二是"赎佛之物"经袱绣，系当时信士为礼佛而贡献用的。旧时吴地的姑娘出嫁之前，必须亲自绣好成套的陪嫁绣品，才能出嫁成婚，同时绣制水平也成为衡量该女子德才的重要依据。至明代，随着苏州以及邻近的无锡、常州成为江南丝织中心，苏绣才彻底走出闺阁，奠定了苏绣的中心地位。

另外值得一提的就是发绣，这是江苏东台特有的民间传统工艺品种之一。最早起源于唐代

发绣《货郎图》（周莹华绣，苏州博物馆藏）

上元年间，是以头发丝为原料，结合绘画与刺绣制作的艺术品。唐代佛教鼎盛时期，虔诚的东台西溪信女开始用自己的纤发，在丝绢上绣成如来佛、观音菩萨像，朝夕顶礼膜拜，表达对佛祖的虔诚，这便是发绣的源头。元末明初，发绣突破了宗教题材，表现内容不再囿于人物肖像，艺术手法推陈出新，画、绣结合，催生出一件件传世佳作。而到晚清年间，这一艺术奇葩竟衰落近乎湮灭。

20世纪60年代，高伯瑜全家被下放到江苏滨海县农村。1972年，东台县东台镇跃进工艺厂（现东台市工艺品总厂的前身）为开发工艺产品，开拓外贸渠道，慕名登门拜访，聘请高伯瑜为技术顾问，兼任生产股长、质检科长，大力支持他开拓业务新领域。高伯瑜凭其在书画界和工艺界的声望和人脉关系，会同书画家和刺绣艺人把发绣作为重点开发项目。至此，发绣这一古老的工艺在东台再放异彩，东台也因发绣艺术而名扬海内外。尤为可贵的是，其女周莹华由于从小就受到刺绣艺术的熏陶，目睹了许多精美的绣品及技法，数年后回到苏州，便全身心投入到刺绣艺术工作中，将业余爱好变为毕生事业，成为苏州发绣坚定的守护者。

二 苏绣艺术特点

（一）苏绣针法及分类

明代苏州人文渊阁大学士王鏊编撰的《姑苏志》中道："精细雅洁，称苏州绣。"

"精"——由沈寿口述、张謇手记的《雪宧绣谱》，汇集了沈寿毕生的绣技经验，归纳的针法有18种，经后人的努力又发展到40余种。基本针法包括齐针、平套、掺和针、施针等32种，辅助针法有扎针、施毛针、刻鳞针等5种，变体绣针法有迭绣、钉绣、虚实针等6种，以及改良针法滴滴绣、免光斜T形针法、融针绣、韵光绣等。

"细"——绣娘可以将丝线劈成1/64，精细表现出景物画面的层次。无论是人物还是山水，无不体现出江南水乡特有的细腻绵长的文化内涵。

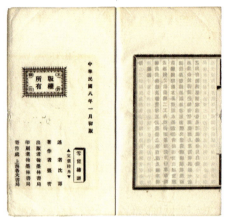

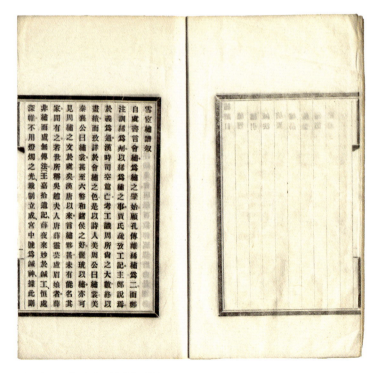

《雪宧绣谱》（苏州博物馆藏）

　　"雅"——用色淡雅清秀、绣工入木三分、图案题材多样，其中蕴藏的情感更是深刻隽永。尤其是明代沈周、文徵明等人所创"吴门画派"中的一些画师将传统山水画的精髓引入刺绣当中，使苏绣更趋精美雅致。

　　"洁"——造型干练，线条飘逸，流畅生动，图案肌理和光影清晰舒展，且技法活泼灵动。

　　人们在评价苏绣时往往以"平（绣面平伏）、齐（针脚整齐）、细（绣线纤细）、密（排丝紧密）、和（色彩调和）、顺（丝缕畅顺）、光（色泽光艳）、匀（皮头均匀）"八个字概括之，有别于国内其他地区的绣品。

　　苏绣在观感上又主要分为单面绣和双面绣两类。

　　单面绣，又名苏绣单面绣、一面光，就是在一块苏绣底料上，绣出单面图像，可以是花草、人物、动物之类，背面装裱画板，外加中式或西洋画框。其特点是做工精致，价格适中，性价比高，因此相对于双面绣而言，更受大众喜爱，市场占有率极高。"软裱"是单面绣的裱法之一，特点是不带画框、玻璃和背板，依然有款有型，便于携带。

　　双面绣，又名苏绣双面绣、两面光，顾名思义就是在同一块底料上，同一绣制过程中，绣出正反两面图像，轮廓完全一样，图案同样精美，均可供人仔细欣赏。在苏绣艺术中，双面绣是其皇冠上的一颗明珠，集中体现了苏绣的技艺水平。双面绣又可细分为普通双面绣、双面异色绣、双面三异绣，其中后者为双面异色、异形、异针，已将双异绣技术发展到神奇

双面三异绣《猴狗》台屏
（任嘒閒、[澳]冯丽亿绣，苏州博物馆藏）

莫测的境界。绣制双面异色绣和双面三异绣的技艺较普通双面绣难度更高，除了双面绣的一般要求外，还要照顾到双面针脚、丝缕，做到两面色彩互不影响，针迹点滴不露，使两面异色分明，天衣无缝。

（二）当代苏绣技艺流派

苏绣作为汉族优秀的民族传统工艺，发源于苏州吴县一带，遍衍江苏省的无锡、常州、南通、扬州、盐城东台等地。当今的苏绣继往开来，绣法形式多样，南通的仿真绣、无锡的精微绣、常州的乱针绣等各具特色，扬州刺绣则以仿古绣、写意绣著称，与苏州刺绣各有千秋，同属苏绣范畴。如今，苏州地区刺绣行业迅猛发展，在江苏省内遥遥领先，形成了一枝独秀的局面，苏州刺绣已然成为江苏刺绣的代表绣种。2006 年首批国家级非物质文化遗产代表性项目名录中，苏绣（苏州刺绣，项目编号：Ⅶ—18）赫然在列，而南通仿真绣、无锡精微绣则以扩展项目，于 2008 年作为第二批国家级项目苏绣（项目编号：Ⅶ—18）重新打包申报成功。至此，从广义上讲，苏绣成为江苏刺绣的代表，苏绣的全称则可扩展为江苏刺绣。

苏州绣（苏南），主要产于江苏苏州，狭义上亦称为"苏绣"。苏州商家所经营的并非都能称作苏州绣，正宗的苏州绣应隶属"本地绣"。更确切地说，苏州绣应是苏州本地人绣制的作品，绣工均为当地绣娘，产品细腻光泽，色彩过渡搭配协调，绣线劈丝细腻。

锡绣（苏南），主要产于江苏无锡，又称"精微绣"。清代无锡精微绣发展迅猛，创造出了闺阁绣、切马鬃绣、堆纱绣、填色稀铺法等独特技法。20 世纪 80 年代初，在继承传统的基础上发展出双面精微绣，艺术特色在于其卷幅微小，造型精巧，绣技精湛，往往能在很小的画面内绣制人物、场景、文字、图案等。代表人物有中国工艺美术大师赵红育等。

乱针绣（苏南），创制于江苏常州，又称"正则绣"。20 个世纪 20 年代，吕凤子[1]及其学生杨守玉大胆创新，吸收西洋画的色彩原理，以长短不一的线条、灵活多变的针法、层层相叠的色线，使传统刺绣改为"富有立体感，丰富色彩"的绣品，并定名为乱针绣。这种针法融合了中国传统刺绣的技术和西洋艺术的特色。在传统苏绣中，每一针之间紧密相接，并且呈同一方向排列，但在乱针绣中，针法长短不一、方向不同且互相交叉，并运用分层加色的方法，使色彩更为丰富。代表人物有中国工艺美术大师吕存等。

仿真绣（苏中），主要产于江苏南通。南通刺绣能成苏绣的一个重要组成部分，主要是其继承了绣艺高人沈寿仿真绣的传统技艺，以肖像刺绣著称，具有五官刺绣传神、肤色逼真、

---

[1] 吕凤子（1886～1959 年），江苏丹阳人，中国近现代著名画家、书法家和艺术教育家，职业教育的重要发轫者，"江苏画派（新金陵画派）"的先驱和最重要的缔造者之一。吕凤子 15 岁中秀才，师从著名教育家、美术家、书法家李瑞清。1910 年在上海创办神州美术院，成为中国最早的美术专科学校之一。在重庆璧山创办了私立正则艺术专科学校，并担任国立艺术专科学校（中央美术学院、中国美术学院前身）的校长，培养了如朱德群、吴冠中、李可染、刘开渠、王朝闻等一大批当代中国美术大家，被誉为中国美术界的"百年巨匠"。

针法变化多端、运针匀齐细密、绣面光亮平整等特点，被称之为"沈绣"。沈寿开创了仿真绣技法，其作品在海外受到意大利皇室等的嘉奖，并在全国各地开办绣校，尤以南通女红传习所最为出名。值得一提的是，沈寿晚年，由其口述、张謇整理，完成了《雪宧绣谱》留存于世。

宝应绣（苏中），产于江苏扬州宝应。宝应绣色彩丰富、立体感强，绣线不劈丝，多为两绒绣，即一根线直接绣。因此，其作品远观或看照片，立体效果较好，近看却稍显粗糙。其中风景、人物乱针绣是其强项。代表人物有中国工艺美术大师朱军成等。

苏北绣（苏北），产于江苏盐城、淮安一带，苏州当地人称之"苏北绣""江北绣"。苏北绣绣线不劈丝，多为两绒或一绒半绣。

三　当下苏州地区刺绣发展路径

（一）新中国成立初期的苏绣（1949～1956年）

新中国成立后，国家按照"保护、发展、提高"的方针，积极推进传统工艺美术领域的各项工作，苏绣生产也得以迅速恢复。这一时期是中国由新民主主义向社会主义过渡的历史时段，国家对手工业的社会主义改造，为苏绣艺术开辟了崭新的发展道路。苏绣生产由分散的家庭副业、加工订货方式走向了集体化、专业化、全面发展的方向。

新中国成立初期，党和人民政府就对苏州刺绣极为关心。1950～1952年，苏州市人民政府组织流散在社会上的刺绣劳动者进行生产自救，又通过城乡物资交流、国营经济扶植、国家贷款等形式，推动了苏绣业的迅速恢复和发展。1952年9月，原苏州市文教局主办了苏州刺绣学校，有学生70人，分甲、乙两班，由段炳果任校长，朱凤、周巽先、任嘒闲为刺绣教师，余彤甫为国画教师。刺绣学校为后来的苏州刺绣研究所培养了一批技艺力量。1953年后，苏州刺绣逐步从加工订货的方式转向合作化。1954年春节后，中国美术家协会为筹集一批出国展览的刺绣品，委托苏州市文联顾公硕筹备苏州市文联民间艺术研究组刺绣生产小组，特地请来毕业于丹阳正则女子职业学校（著名国画大家吕凤子先生创办）刺绣科的任嘒闲、周巽先，主持招考一批刺绣技艺较高的女工进小组工作，有严葆珍、管颉云、赵丽珠、王云娥、章秀民、朱静雯等8人，后陆续增加了20人。1955年下半年，随着全国合作化高潮的到来，文联刺绣生产小组于12月16日正式被批准为苏州市刺绣工艺美术生产合作社，正式划归苏州市手工业管理局领导，这标志着苏绣行业社会主义改造的初步完成。合作社提高了刺绣的生产效率，打破了旧式师徒制的局限，扩大了刺绣从业群体和规模。在组织保障的基础上，苏绣技艺得到有效传承，新一代年轻艺人逐渐成长；同时，投身社会主义建设的刺绣艺人在社会地位上得到极大提升，创作热情空前高涨，产量也较新中国成立前有了大幅提高。

这一时段正是新中国苏绣面貌的孕育和形成期，由于正确贯彻了"保护、发展、提高"的方针和"实用、经济、美观"的原则，苏绣艺术语言与现实生活的联系更加紧密，反映社会主义、现实主义题材的作品大量涌现，领袖肖像、革命与建设题材创作成为重要主题，如朱凤创作的单面绣《毛主席像》。李娥英、王祖识、蔡文华还于这一时期用散套针试制成功了第一件双面绣《五彩牡丹》插屏。这些作品针法细腻、气韵典雅，同时具有浓厚鲜明的时代特色，艺术表现力也有前所未有的提高。

中国工艺美术大师徐绍青自新中国成立后，一直致力于苏州刺绣和吴门画派的研究与实践，创作出大量写意山水、工笔花鸟、人物、走兽及书法等刺绣画稿，包括旧社会走来的老艺人金静芬、朱凤、周巽先等，新创了大批珍品和手稿。由他们培养的新艺徒代表则有李娥英、顾文霞两位中国工艺美术大师。

（二）新中国探索时期的苏绣（1957 ~ 1978 年）

1957 年在北京召开的全国工艺美术艺人代表会议，对新中国的工艺美术事业产生了深远影响。会议总结了新中国成立以来工艺美术工作的成绩与经验，提出了努力发展生产，扩大国内外销售；增加花色品种，大力提高产品质量和艺术水平，以适应国家社会主义建设、美化人民生活和促进国际经济、文化交流的需要。在国家的一系列举措下，苏绣艺术进入了崭新的发展时期。

1957 年，苏州市就有第一、第二、第三刺绣生产合作社和苏州市刺绣工艺美术生产合作社以及木渎、横塘、善人桥、西津桥等刺绣供销生产合作社共 8 个合作社。不久，上述单位又合并，分别成立了苏绣厂（今苏州刺绣厂）、苏州刺绣研究所、苏州绣品厂等单位。

吴县则成立了吴县刺绣总厂和吴县刺绣研究所，分别从事苏绣生产和苏绣研究工作。1973年，日商到上海寻求和服腰带生产厂家，上海外贸公司即委托南通、扬州、苏州的 4 家工厂试型。当时，吴县刺绣总厂的主打产品是生产任务充足的抽纱绣花台布，时任厂长的蒋雪英力排众议，从确定色彩、估工报价到安排生产独自完成，拿出的和服样品靓丽鲜明，以 70% 的试样选中率承接了外贸公司大部分和服腰带定单，开拓了日本市场。自此，苏绣进入了一个前所未有的、百花争艳的全新发展阶段。

此间，虽然经历了"大跃进""人民公社"运动引发的混乱，以及此后"文革"极"左"路线的破坏，苏绣生产遭受挫折，但在党和政府的适时调整下，苏绣行业得以较快恢复，重回正确发展轨道。这一时期的苏绣既有集体创作的鸿篇巨制，又新涌现出了像《红灯记》《蒙泰像》《焦裕禄像》《白求恩像》等讴歌时代英雄人物的苏绣艺术经典作品。这些作品（现藏于苏州博物馆）在继承传统的基础上，突出苏绣工艺特色与时代风貌，具有主题鲜明、构图简洁、气韵生动、绣工精细、用色典雅的艺术风格。同时，这一时期也是苏绣技术革新的高潮时期，不断创新成为一种常态。

苏州市刺绣工艺美术生产合作社是在 1954 年苏州市文联民间艺术研究组刺绣生产小组的基础上发展起来的，1958 年 6 月 18 日并入苏州市工艺美术研究室。1959 年 11 月，经苏州市轻化工局批准升为苏州市工艺美术研究所。1960 年 2 月 10 日，经苏州市工艺美术局党委决定，苏州市工艺美术研究所分为苏州刺绣研究所和苏州市工艺美术研究所，原工艺美术研究

乱针绣《白求恩像》
（［澳］冯丽亿绣，苏州博物馆藏）

所实验工场改为苏州刺绣研究所，由金静芬任所长。1962 年 10 月，苏州市美术专科学校停办，改成苏州市工艺美术研究所分所；同时，原工艺美术研究所改为工艺美术研究总所。1963 年 3 月，经苏州市工艺美术局批准，工艺美术研究所总所改为苏州刺绣研究所，而工艺美术研究所分所改为工艺美术研究所。自此苏绣的科学研究制度得以确立，研究工作得以加强，苏绣的创新针法迭出。金静芬运用新创的 30 余种针法绣出了《毛主席巨像》《插秧图》《养鸡图》等大量优秀作品；双面绣作品亦大量出现，双面异色绣于 1966 年首创；机绣也逐渐增加了自由针、三角针、翻底线、网针绣、拉丝等针法与绣法。技法的创新还带动了苏绣创作设计水平的提高，顾文霞、李娥英、徐绍青、周巽先、邱秀英、殷濂君等一大批刺绣名家脱颖而出，新中国成立后苏州获评的 18 位国家级工艺美术大师中就有 8 位出自这一时期。她们皆以新颖的技法、精妙的设计而闻名。苏绣在最能体现其技艺风格特征的欣赏绣领域，还开拓出了以猫、鱼、狗等为代表的极富生活情趣和独具苏绣表现力的新经典，特别是苏绣《小猫》和《白孔雀》等，常常作为国礼赠予外国元首。

　　苏州刺绣研究所成立以来，先后举办了三届刺绣专修班（四年制）、两届刺绣培训班（三年制）、一届刺绣进修班（八个月）和刺绣训练班（一个半月），培养了近 300 名有文化知识、懂画善绣的刺绣技艺人才。得益于创作设计水平的提升以及生产的发展，人物绣和表现社会主义新生活的现实主义作品在这个时期成为苏绣艺术的典范，出现了许多反映

双面绣《月季》（李娥英绣，苏州博物馆藏）　　双面绣《双鹤》（周巽先绣，苏州博物馆藏）

祖国河山风貌与建设新成就的作品。这一时期的苏绣产品不仅面向苏联和东欧社会主义国家，还开辟了欧美等资本主义国家的市场，赚取了大量外汇，为国家的社会主义建设做出了贡献。

　　苏州刺绣研究所通过不断培养刺绣人才，间接持续提升双面绣的绣法绣技。双面绣虽然于清代即已在苏州出现，但真正将双面绣普及推广，并将其推向技艺巅峰的恰恰是在这一时期。当时涌现出周巽先、李娥英、顾文霞、殷濂君、蒋雪英，周爱珍、张玉英等国家级苏绣艺术精英的代表力作若干，新创了打点绣、戳纱、打籽绣等针法，双面绣、双面发绣、双面异色绣、双面异色异样绣（三异绣）、双面缂绣等作品大量涌现，代表作有中国工艺美术大师李娥英双面绣《月季》、周巽先双面绣《双鹤》等。此外，还出现了集体创作的大型绣品，如单面绣《开国大典》《人民大会堂夜景》等，现均珍藏在苏州博物馆。这一时期还研制出体现技法传承与创新的作品及针法汇编，包括朱凤编著的《中国刺绣技法研究》、金静芬和其他研究人员完成的实物教材样本、李娥英在刺绣训练班教学实践中编著的《苏绣技法》等。这些文本充分反映出苏绣艺人在这一时期已不局限于单纯的个人创作，还把培养年轻一代的成长作为重心的特点。

（三）改革开放新时期的苏绣（1979～2000年）

　　改革开放为苏绣艺术重塑历史的辉煌创造了条件，开启了市场经济下创作设计、生产销售、艺术创新及文化传播的新篇章。随着改革开放春风的到来，巨幅作品《春回大地》（长380、

宽100厘米）于改革开放初期绣制完成，绣稿系朱屺瞻、唐云、程十发、王个簃、黄胄、萧淑芳、李苦禅、关山月、陈大羽、张辛稼、张继馨、徐绍青共12位著名画家合作完成，由顾文霞、徐志慧担任艺术指导，集中了一批刺绣老艺人和刺绣能手集体绣制而成。赵朴初为之题字"春回大地"。这件绣品问世后激起千层浪，这幅独创的名家书画刺绣成为传世佳作，其艺术魅力经久不衰。自此，苏绣彻底进入了一个全面发展的新时期，在题材、品类、针法、材料、形式上均有革新。

1979年，受北京十三陵办事处委托，苏州刺绣研究所尝试复制定陵出土万历孝靖皇后的百子衣，在原件已完全褪色、破损的情况下，经反复试验研究，突破技术难关，最终复制成功，基本恢复了其富丽奢华的原貌。这表明复制文物古绣也是苏绣具有代表性的技艺优势。为此，苏州在苏州刺绣研究所的基础上成立了中国苏绣艺术博物馆，为传世珍品提供了专业的珍藏场所，制定了以抢救、整理、复制、征集为重点的研究计划。这为苏绣传承发扬优秀传统，将文物复制中的优秀技艺反馈于创新打下了坚实的基础。复制古代皇家绣品，苏州刺绣独占鳌头，这一时期正式确立了苏州刺绣艺术复古绣高地的地位。

20世纪80年代以来，在出口外销力度不断加强的同时，伴随国民经济水平的提高，内需市场逐渐获得重视。在内、外销的共同拉动下，苏绣的生产品类也有了发展变化，主要表现在日用类刺绣产品的增加，如窗帘、床罩、浴衣、组件套、出口服装等，并随着市场的变动和民众的消费需求而不断变化演进。作为改革开放后体制机制改革的一部分，国家对工艺美术的生产、经营及管理体制进行了一系列调整和改革，撤销国家轻工业部，成立国家轻工总会，后又改为国家轻工业局；对物资供应与产品销售环节进行市场化改革；对工艺美术集体企业

巨幅国画《春回大地》（苏州博物馆藏）

旅游纪念品蝴蝶刺绣胸针（苏州博物馆藏）

开展股份制改造；工艺美术职称评定制度实施等。这些改革措施进一步推进了苏绣的生产创作与市场的结合，增加了刺绣企业的市场活力，提高了创作设计人员的能动性。其创作题材亦受到时代与社会变迁的深刻影响，在保持对现实主义和重大历史题材创作关注的同时，反映现代社会发展和城市生活等题材的苏绣作品开始登上舞台，绣稿也从传统的线描发展至照片或绘画上，拓展了苏绣的创作形式。

在这个阶段，经过长期的挖掘、整理、研究，苏绣已传承和发展了 40 多种刺绣针法，并形成了"思维大于技巧"的创作理念，为苏绣艺术的发扬光大树立了新的里程碑，标志着苏绣从内容、形式到技巧，都焕发出空前的艺术魅力，进入了全面发展阶段。苏绣也成为工艺美术行业对外销售和传播交流的龙头。

随着改革开放的不断深入，苏绣进一步开拓传统刺绣与现代艺术、现代科技相结合之路，成功探索和创作了一批创新性的刺绣精品。这一时期的市场热销产品，像国内外旅游纪念品和剧装、出口日本的和服腰带、定制世界名人肖像作品等，品类进一步丰富。同时，拓展思路整合民间刺绣艺人力量，创作出了数量众多的大型作品，如李娥英指导创作的巨幅长卷《姑苏繁华图》，顾文霞主持绣制的《八十七神仙卷》等。苏州刺绣研究所还与美国摄影家罗伯特及当代艺术家吴冠中、袁运甫、常沙娜等合作进行探索和创新，使苏绣进一步走出苏州，走向更广阔的艺术舞台。这个阶段，苏绣的对外展出、展演、作为国礼馈赠外国嘉宾也是一个热潮。从省部级到国家级，甚至国际级，获得各类奖项层出不穷。仅苏州刺绣研究所 70 年来的国礼回单一项就有 98 件，且大部分集中在这一阶段。

（四）新世纪以来的苏绣（2001 年至今）

20 世纪 90 年代末以来，苏绣经历了又一次社会转型，生态环境发生了深刻变化。主管工艺美术事业的国家轻工业局从国务院组成部门中撤销，成立中国轻工业联合会，标志着国家对工艺美术的直接管理已经转变为按照市场经济运作的协会化管理体制。2001 年 12 月 26 日，苏州市工艺美术局正式批准苏州刺绣研究所由事业单位转隶改制为苏州刺绣研究所有限公司。苏州刺绣研究所改制前的 231 件（套）苏绣珍品及针法汇编，得以划拨至苏州工艺美术博物馆（2019 年并入苏州博物馆）珍藏。

同时，现代化的冲击、日益加快的城镇一体化步伐以及急剧的社会变迁，犹如一把双刃剑——一方面使国营或集体企业纷纷改制、解体；另一方面，私营作坊、个体手工艺户悄悄

地顽强成长起来，直至形成专业村、专业镇，以新的发散型手工艺生态结构实现着传统手工艺的再生。新世纪以来，国家的相关法规和政策制定，为当代苏绣艺术的繁荣发展奠定了坚实的制度基础。

2004 年 8 月，中国加入《保护非物质文化遗产公约》，逐步确立起从国家到地方的非遗保护与传承机制，苏绣技艺的传承保护得到了充分的体制保障。2006 年，文化部公布了包括苏州刺绣在内的首批国家级非物质文化遗产代表性项目名录，其中超过四分之一的项目属于传统手工技能。2017 年 3 月，国务院办公厅印发《传统工艺振兴计划》，为传统苏绣技艺的新旧动能式转换提供了政策支持。

在社会转型的历史机遇面前，以苏州镇湖八千绣娘为代表的广大农村绣娘抓住手工艺复兴带来的机会，以足够的勇气和自信迎接市场挑战，在不断对外拓展的过程中，构建起刺绣产品的市场网络体系，实现了从传统到现代、从封闭到开放的新突破和新跨越。同时，镇湖刺绣作为高新区镇湖当地重要的产业，先后建成中国刺绣艺术馆、绣品街、镇湖刺绣艺术展示中心等刺绣文化载体，解决了镇湖刺绣从生产到展示、宣传再到销售、配套服务等一系列问题，为镇湖刺绣产业化的迅速形成提供了强大基础。现镇湖刺绣产业人员近万人，包括从事刺绣设计、创作、生产、销售及与其配套的花线、装潢、运输等相关从业人员，刺绣产业链更趋完整。2000 年，镇湖被文化部授予"中国民间艺术（刺绣）之乡"称号；2006 年，镇湖被文化部命名为"国家文化产业示范基地"，被国家旅游总局命名为"全国农业旅游示范点"；2009 年，镇湖刺绣被评为中国"城市名片"，中国刺绣艺术馆被授予国家 AAAA 级旅游景区；2011 年，镇湖绣品街获"全国特色商业街"；2012 年，镇湖被授予"中国最佳创意园区奖"，在当年创造了近 12 亿元的销售额。这期间涌现出的大量优秀苏绣作品，先后四次获得中国民间文艺最高奖"山花奖"金奖，两次搭载卫星飞天归来，并多次作为国礼赠予外国政要及知名人士，许多作品被国内外多家重要机构及个人收藏，姚建萍创作的《父亲》就是其中的代表。

单面绣《父亲》（姚建萍绣，苏州博物馆藏）

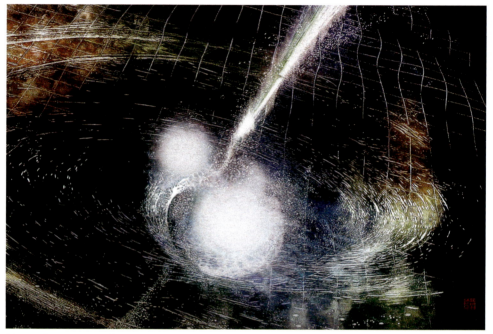

单面绣《双中子星对撞》（黄春娅绣）

　　新世纪以来，苏绣艺术面临着如何融入当代生活的重大命题。苏绣作品将"艺术生活化，生活艺术化"，使两者在交替中升华。而生活方式和消费观念发生巨大改变所产生的新美学、新品味，要求苏绣从业者倾听时代召唤，跳出保守窠臼，以开放为前提，汇集更为广阔的创意来源，开发出具有时代气息的艺术品和实用品。镇湖则出现了不少进修的绣娘，来切实提升艺术修养。通过实践—理论—实践的反复，以针线为画笔在绣面上进行刺绣写生，充分汲取运用国画、油画中的表达手法，以及摄影中的光影技巧，适度增强作品元素的艺术效果，着重加大作品的整体表现力，从而使这一时期的苏绣艺术紧随时代，积极拓展新的生存发展空间，将传统工艺与现代艺术、现代科技相结合，积极开拓新材料、新工艺和新题材，作品的艺术风格和精神内涵都呈现出前所未有的新格局和新气象，体现出兼容并包、日新月异、百舸争流的面貌特征。中国工艺美术大师邹英姿的单面绣《缠绕》、江苏省工艺美术大师黄春娅的反映科学探索题材的单面绣《双中子星对撞》等即是其中的代表。

　　这一时期的苏绣艺术创意产品也在新媒体环境下延伸发展，为苏绣艺术的传播与沟通提供了新的载体，顺应了现代新媒体视角下，当代社会对时尚性的审美需求。有"艺术意义"的生产活动，不仅是当代生活与消费的重要领域，而且逐渐成为社会的价值追求与精神需要。

四　新时代下的苏绣艺术

党的二十大报告提出，"坚守中华文化立场，提炼展示中华文明的精神标识和文化精髓"。文化是一个国家和民族精神的延续，而优秀的传统文化更是一个国家来满足文化与精神层面的集中表达。在我国历史发展的长河中，作为十大国粹之一的刺绣，尤其是四大名绣之一的苏绣，创新的作品不断与现代化相融合，能够发挥出我国优秀传统文化的价值力量，不断提升我国国民文化素质和中华文化软实力。

作为苏绣发源地的苏州，是吴文化的发祥地，被联合国教科文组织授予"手工艺与民间艺术之都"。苏州刺绣行业拥有一支强大且稳健的梯形方阵，包括中国工艺美术大师徐绍青、李娥英、顾文霞、任嘒閒、周巽先、殷濂君、周爱珍、蒋雪英、张玉英、余福臻、姚建萍、邹英姿、姚慧芬共 13 位，以及省大师 36 位、省名人 30 位、市大师 23 位，苏州民间工艺家 50 位，国家级非物质文化遗产项目苏绣国家级代表性传承人 8 位、省级传承人 11 位、市级传承人 17 位。

追溯苏绣 70 年历史，其结构模式虽历经分分合合的改革大潮，但一条清晰的脉络可以窥探出，苏绣艺术的发展伴随着共和国的成长，在坚守中激荡起初心的澎湃力量，技艺技法得以"波浪式前进，螺旋式上升"。新时代的苏州刺绣正在前所未有的历史机遇中，实现着一次又一次的重大跨越。改革开放后的苏绣艺人是幸运的一代，他们处在中国改革开放的美好时代，没落王朝时期清末刺绣大师沈寿那一代的命运与其是无法比拟的，也与"极左"思潮影响下，苏绣艺术受到摧残时期的那些刺绣艺术家的命运不同。

新世纪的苏绣，犹如翻开了历史的华丽新篇章。如今的苏绣，在时代性、原创性、思想性和艺术性等方面都实现了质的飞跃。其丰富多样的针法极具艺术表现力，可以运用于各类题材的作品，尤其是现实主义题材。苏绣作为中国刺绣历史变迁的动脉，凝聚着无数刺绣艺人及专家学者的智慧。立足国家艺术基金传播交流推广资助项目"苏绣艺术文献展（1949～2019）"，通过研究整理李娥英的笔记档案，同步厘清苏绣艺术发展脉络，进一步探讨苏州地区刺绣对江苏刺绣乃至当今传统文化发展所起的示范作用，可对苏绣 70 年的发展作一历史回眸和学术梳理，充分展现苏绣的时代题材和艺术魅力，为苏绣"新时代、新认知、新价值、新发展、新振兴"提供理论依据，扩大社会认识认知，在促进非遗项目传承发展的同时，也从学理上展开进一步的思考。

参考文献

（一）专著

[1] 张道一《道一论艺——艺术与艺术学文集》，苏州大学出版社，2008 年。

[2] 林锡旦《苏州刺绣》，苏州大学出版社，2004 年。

[3] 孙佩兰《吴地苏绣》，苏州大学出版社，2009 年。

[4] 吴山主编《中国工艺美术大辞典》，江苏美术出版社，2010 年。

[5] 苏州市刺绣研究所编《苏州刺绣》，上海人民出版社，1976 年。

（二）其他

[1] 《苏州刺绣研究所所志》，1985 年。

壹

针耑一生

一 蒲艺结缘（1926 ~ 1954 年）

李娥英❶，1926 年 11 月 23 日出生于苏州木渎镇石码头❷。她是当代著名刺绣艺术家、教育家，第一批国家级非物质文化遗产项目苏绣代表性传承人、首届中国工艺美术大师（中国工艺美术家），享受国务院津贴的突出贡献专家，先后被选为全国先进生产者代表会议代表、全国工艺美术艺人创作设计人员代表大会代表、中国妇女第五次全国代表大会代表，并三次获得江苏省劳动模范等荣誉称号。

辛亥革命以后，清政府对苏绣的订货中止，苏绣行业曾一度衰落。但不久后，由于海外市场的开辟，苏绣外销量增多。据记载，1929 年，苏州地区的绣庄有 150 余家（含郊区），是新中国成立前的最高水平。然而，由于多年战乱，至新中国成立前，苏州一度没有专门从事艺术品生产的绣庄，仅在各女子学校设绣工课。

李娥英父李哲卿，母沈金芝，兄弟姐妹共 6 人，李娥英排行老大。1933 年 9 月，李娥英进入吴县石码头焦山小学学习。作为乡下长大的孩子，李娥英自幼喜欢刺绣，心灵手巧，执着进取，即便家里反对她刺绣，她也想办法把自己不用的书本换成针线，每天趁着父母睡着后，挑灯学习刺绣。有一天半夜起风，母亲沈金芝醒来想看看李娥英被子有没有盖好，结果发现她不在床上，而布帐子背后却隐隐露出光线，这才发现李娥英躲在那里，点着蜡烛正在刺绣。让母亲沈金芝惊讶的是，李娥英用的绣绷竟然是把过滤中药的药绷上的纱布拆下来，剩下的圆环绷上底料，变成一个小型圆绷，然后在上面绣斜绕花。后来电影《梅花巾》就是根据李娥英提供的这一情节，拍摄了主人公用药绷作圆绷进行绣花的镜头。

时间一久，母亲沈金芝看到李娥英这股执拗，只好同意她学习刺绣。李娥英 10 岁那年随父母迁居苏州木渎镇，当时借住在木渎山塘街蔡少渔故居（今古松园）东隔壁。家里考虑到李娥英作为家中的长女，迫于生计便让她辍学协助父亲李哲卿打理营生。恰巧隔壁人家发放刺绣活，李娥英便去领料加工，不会绣就请教母亲，甚至左邻右舍、姑姑嫂子，都是她求教过的老师。此时的她，已然学会日用品刺绣，并尝试将丝线劈开后以平套针法绣制。据李娥英回忆，有一次祖母拿了一块底料给她绣制，但做刺绣要用绣绷把底料绷紧了绣。家里的绣绷母亲要用，这可把李娥英急坏了。这时她找到母亲，两人想出了一个办法，就是把凳子倒过来，四只脚之间扎上细竹竿，就成了一个简单的绣绷。由此算来，李娥英应是 10 岁时开始跟随母亲沈金芝学习刺绣。此时，父亲也做起了绣品的中间人，专为经销商和绣工牵线搭桥，这使李娥英如鱼得水，因为可以经常看到别人送来的各色刺绣精品，这无疑开拓了她的眼界。在协助父亲放绣的过程中，李娥英有心习得套针，开始尝试自己劈线、绣花。经过几年的放

❶ 李娥英（1926 ~ 2018 年），曾用名李娥瑛。
❷ 现隶属于苏州市吴中区。

绣生涯，使她有机会汲取众家之长，短短四载就在木渎镇上小有名气。或许从一开始，她的内心没有什么崇高的理想和长远的目标，认为这只是沿袭祖辈的一种女红❶习俗而已。

　　新中国成立后，国家开始按照"保护、发展、提高"的方针，积极推进传统工艺美术领域的各项工作，苏绣生产也得以迅速恢复。这一时期是中国由新民主主义向社会主义过渡的历史时段，国家对手工业的社会主义改造，为苏绣艺术开辟了崭新的发展道路，同时也为李娥英的刺绣生涯创造了良好的发展环境。这时的她，已经对刺绣产生了极大的兴趣，开始全身心投入到这项繁复而细致的手工技艺中来，并且从中找到了无穷的愉悦与乐趣。这一时期的刺绣行业处在分散的家庭副业、加工订货的苏绣生产方式下，但李娥英的"两面光""活毛套"技法已用在绣披风、枕套、被面等各种复杂花样的日用品上，可谓少年老成。1950～1952年，苏州市人民政府开始组织流散在社会上的刺绣劳动者进行生产自救，又通过城乡物资交流、国营经济的扶植、国家贷款等形式，使苏绣业迅速得到恢复和发展。此时的李娥英已不满足于自身的技艺水平，为能进一步探索苏绣艺术的奥秘，内心迫切地希望得到专业老师的指导。

单面绣《城乡物资交流》（李娥英绣，苏州博物馆藏）

　　1952年，李娥英承担了绣制苏南土特产展览会苏绣展品《城乡物资交流》和《农村翻身图》的任务，会上原苏州市副市长王东年和原苏州市文教局局长谢孝思欣赏了李娥英等人的刺绣作品，觉得苏绣技艺很高，应培养更多的刺绣人才，认为这也是当下为妇女谋出路的一条途径。于是在该年9月，原苏州市文教局主办了苏州刺绣学校，有学生70人，分甲、乙两班，由段炳果任校长，朱凤❷、周巽先❸、任嘒

---

❶ 女红，旧时指女子所做的纺织、刺绣、针线等活计，乃农耕制度下自给自足模式之产物。过去的生产生活，以家庭为单位，日常所需的一切都靠自身尽力解决。女红活计，既是生产的一部分，又是生活的一部分，带有经济和文化双重性质，在社会发展中占据着重要地位。

❷ 朱凤（1910～1993年），江苏常熟人，是一位集刺绣技艺、理论、教育之大成的艺术家。她总结历代针法37种，并加以改进。如，打籽（子）绣过去只是一种色彩，现已进而为晕染的排列调色，使绣出的形象更生动逼真。同时，她还采取多种针法

配合的绣法，所创造的新散针、散套针、点彩绣、针上调色等四种绣法已被刺绣行业广泛运用。

❸ 周巽先（1913～1998年），字逊言，江苏丹阳人，中国工艺美术大师。1928～1933年，在江苏省丹阳县正则女子职业学校刺绣专科学习，师从刺绣艺术家杨守玉，后留校任绘绣科教员。1954年，参与筹建苏州市文联民间艺术研究组刺绣生产小组（苏州刺绣研究所前身），后任苏州刺绣研究所副主任。1993年，获国务院授予的"突出贡献专家"称号，享受国务院批准的政府特殊津贴。

闲❶为刺绣教师，余彤甫为国画教师，并设有语文、政治、绘画、音乐、刺绣等课程。遗憾的是，在9个月后，由于经费困难，学校停办，李娥英也因此错过了这次培训，但这所刺绣学校为日后苏州刺绣研究所的成立培养了一批技艺力量。

1953年后，苏州刺绣逐步从加工订货的方式转向合作化发展。1954年春节后，中国美术家协会为筹集一批出国展览的刺绣品，委托苏州市文联顾公硕❷筹备苏州市文联民间艺术研究组刺绣生产小组，特地请来毕业于丹阳正则女子职业学校（吕凤子创办）刺绣科的任嘒闲、周巽先，主持招考了一批刺绣技艺较高的女工进小组工作，其中有严葆真、管颉云、赵丽珠、王云娥、章秀民、朱静雯等8人。机会只留给有准备的人，错过首批招考的李娥英进一步坚定了继承传统和革新刺绣这门技艺的决心。1954年3月，李娥英以优异的成绩考进了苏州市文联民间艺术研究组刺绣生产小组。

戏剧性的是，当时李娥英赶到位于苏州古城区朱家园顾公硕家进行考试，现场绣了一只小鸡，结果当场被拍板录取。但李娥英回到家中，却遭到了父母的强烈反对。父母轮流劝她，自己的儿子才6个月大，怎么可能这个时候离开家呢？再说，做裁缝一个月能赚40多元钱，做刺绣却不到20元，还是打消这个犯不着的念头吧。此时左右为难的李娥英却得到了丈夫的大力支持，最终还是决定去学习苏绣，追寻她一生的爱好。其后，李娥英趁着父母去杭州探亲的间隙，决绝地锁上家门，抱着儿子匆匆赶至位于苏州古城调丰巷的刺绣生产小组报到。一开始上班时，李娥英一边脚蹬摇篮哄儿子，一边做刺绣。在刺绣生产小组的支持和帮助下，她艰难地熬过了那段坎坷的学习生涯。

1954年6月，刺绣生产小组迁到修仙巷10号。此时，朱凤等一批专业技艺人员的加入使该小组陆续扩大了20人。当年12月，又吸收了王茂仙、沈金水等缂丝老艺人，使久不生产的缂丝艺术得以保存和发展。此时的刺绣生产小组，已然成为苏州织绣业的正牌大军。

二 绣所传习（1954～1978年）

李娥英自1954年进入刺绣生产小组后，在技术人员和画家的指导下，同事间相互交流经验，技艺逐步提高，由平套针学会了散套针，并能根据绣品的不同形象，适当运用针法。

---

❶ 任嘒闲（1916～2003年），生于江苏丹阳，后入原苏州刺绣研究所从教，定居苏州。中国工艺美术大师，是现当代中国刺绣事业发展里程碑式的人物，亦为一位德艺双馨的艺术家、刺绣艺术教育家。她先后在丹阳、苏州、南京等地培养了大量刺绣精英，台湾乱针绣艺术家陈嗣雪、佟家宾，是其在正则艺专执教时的学生，嫡传弟子现移居海外的有冯丽亿等，苏州籍则有中国工艺美术大师张玉英及江苏省工艺美术大师张美芳、黄春娅、梅桂英等。

❷ 顾公硕（1904～1996年），苏州著名收藏家、书画家顾鹤逸幼子，过云楼第四代主人。曾任原苏州市工艺美术研究所所长、苏州博物馆副馆长等职。

同时，她善于观察生活、体验生活，绣花草树木时，就到园林里进行观察，参照实物的形体、生长关系，使绣画稿和实物可以更为紧密地结合。她还刻苦钻研，十分注重画稿的真实性，有空就找画家研究，逐渐开始尝试以中国工艺美术大师徐绍青、张辛稼等创作的国画为蓝本，绣制出写意山水、工笔花鸟、人物、走兽及书法等大量刺绣作品，将徐老等一直致力于苏州刺绣和吴门画派的研究与实践的精髓，用苏绣的语言表达得淋漓尽致，并在老艺人金静芬及

单面绣《万寿无疆》
（李娥英、顾文霞绣，苏州博物馆藏）

朱凤、周巽先等老师的指导下，新创出大批珍品和手稿。此时的李娥英，通过不断学习和实践，精湛了明暗技法，活毛套的应用更加灵活，探索出了翅膀及树梗的绣法，并首次发现花的丝理并运用到绣品中。

（一）初拈绣针（1954～1956 年）

1955 年，由朱凤老师建议并指导，李娥英、王祖识、蔡文华三位同志绣制的第一幅双面绣《五彩牡丹》插屏，经过 70 余天的努力试制终获成功。随后，苏州市文联决定由李娥英、王祖识、蔡文华、王荣珍、顾文霞、王宝珍、徐素珍、吴玉英共 8 人组成双面绣小组，进一步试制研究双面绣小猫、翠鸟、老虎等作品，使双面绣技术得到了进一步发展和推广。随着下半年全国合作化高潮的到来，李娥英所在的刺绣生产小组于 12 月 16 日正式被批准为苏州市刺绣工艺美术生产合作社，正式划归苏州市手工业管理局领导，这标志着苏绣行业社会主义改造的初步完成。同时，合作社成立了花边、垫子、屏条、乱针绒线、缂丝共 5 个生产小组。生产小组的细化，使合作社提高了刺绣的生产效率，打破了旧式师徒制的局限，扩大了刺绣从业的群体和规模。在组织保障的基础上，苏绣技艺得到有效传承，新一代年轻艺人逐渐成长。与此同时，投身社会主义建设的刺绣艺人在社会地位上得到了极大提升，创作热情空前高涨，产量也较新中国成立前有了大幅提高。李娥英、顾文霞创作的《万寿无疆》是这一时期的代表作。

1956 年 11 月，朝鲜国立手工艺研究所所长金顺伊来苏学习，考察丝织和刺绣。金顺伊在当时的苏州市刺绣工艺美术生产合作社学习了 8 种刺绣针法，并由李娥英教散套针、王祖识教抢针、吴玉英教打籽针等。1959 年 1 月 20 日，金顺伊学成离苏回国。苏绣之花在朝鲜的绽放，或许为当下的朝鲜手工绣出口我国埋下了伏笔。

（二）桃李绣所（1957 ~ 1978 年）

1957 年，李娥英参加了在北京召开的全国第一次工艺美术艺人代表大会，这次会议的召开，对李娥英的刺绣事业产生了深远的影响。会后，李娥英认真总结了新中国成立以来在刺绣工作上的成绩与经验，提出自身要努力发展生产的奋斗方向。也正是在这一时期，苏州刺绣基本确立了为生产服务、为人民群众生活服务、为对外贸易服务的基本方向，不仅苏绣自身不断取得新的艺术成就，更为社会主义建设做出了突出贡献。

1957 年，苏州市就有第一、第二、第三刺绣生产合作社和苏州市刺绣工艺美术生产合作社以及木渎、横塘、善人桥、西津桥刺绣供销生产合作社共 8 个合作社。不久，上述单位又合并，分别成立了苏绣厂（今苏州刺绣厂）、苏州刺绣研究所、苏州绣品厂等单位。

苏州市刺绣工艺美术生产合作社是在 1954 年苏州市文联民间艺术研究组刺绣生产小组的基础上发展起来的，1958 年 6 月 18 日并入苏州市工艺美术研究室。1959 年 11 月，经苏州市轻化工局批准升为苏州市工艺美术研究所。1960 年 2 月 10 日，经当时的苏州市工艺美术局党委决定，苏州市工艺美术研究所分为苏州刺绣研究所和苏州市工艺美术研究所两个所，其中工艺美术研究所实验工场为苏州刺绣研究所，由金静芬任所长。1962 年 10 月，苏州市美术专科学校停办，改成苏州市工艺美术研究所分所；同时，原苏州市工艺美术研究所改为苏州市工艺美术研究总所。1963 年 3 月，经苏州市工艺美术局批准，苏州市工艺美术研究所总所改为苏州刺绣研究所，而苏州市工艺美术研究所分所改为苏州市工艺美术研究所❶。

1957 年 7 月，苏州市刺绣工艺美术生产合作社接到上海博物院（现为上海博物馆）要求复制明代刺绣家韩希孟绣品的任务，派出技艺水平较高的李娥英、王宝珍、叶文庭、蔡文华、顾文霞、王荣珍、吴玉英、徐素珍共 8 位艺人赴上海参与复制工作。此次一共复制了包括《湖石花蝶》《络纬鸣秋》《游鱼》《藻虾》在内的四幅册页。经过两个月的反复试制，完成了复制任务。通过这次复制，使他们学习了古代艺术家的传统技艺，丰富了苏绣的表现能力。

---

❶ 摘自《苏州刺绣研究所所志》，1985 年。

复制明代韩希孟刺绣册页《络纬鸣秋》（李娥英绣）

1958年3月，苏州市刺绣工艺美术生产合作社搬入西百花巷3号半，与苏州市工艺美术研究室合并。开始时是两套班子、两块牌子、两种管理制度。至6月18日，经苏州市手工业管理局批准，两家单位正式合并为苏州市工艺美术研究室，由张西湖、金静芬担任研究室副主任，下设绘画刺绣组，由徐绍青任组长；雕刻工艺研究组，由李文华任组长；刺绣实习工场，由董芝兰任场长，李娥英任技术指导员；刺绣专修班，由李娥英任班主任；并成立行政组。苏州市工艺美术研究室的成立，无疑为传承发扬苏州传统工艺美术、培养能画善绣的新一代刺绣技艺人才做出了巨大贡献，适应了刺绣生产发展的需要。该年从本市招考了16名初中毕业生，加上6月份招收的图案训练班学徒2名，以及9月份从木渎、光福、胥口等郊区招考的10名高小毕业生，共同组成了第一届刺绣专修班，李娥英任班主任，预制学习期四年，设有刺绣、国画、素描、艺术欣赏、政治、文体等科目。李娥英、严葆贞为刺绣老师，杨公毅、蔡震渊、殷梓湘、施仁任国画老师，梅云任素描老师，石裕纯、徐绍青任艺术欣赏课老师，党支部书记丁仪任政治老师。同时将专修班学员户口全部迁入研究室。

作为首任班主任的李娥英，从1958年3月至1961年3月，对这批学生进行了严格的基本功训练。在刺绣技术方面，学员先后学习了苏绣齐针、捻针等21种主要针法，结合实践下工场实习，并且承担绣制礼展品的任务。在绘画方面，以国画为主，兼学图案设计和素描及国画白描、写生、临摹等方面的基本知识，做到能自己勾稿，并能创作围巾、枕套、艺术团扇等的图案，部分设计可以投入生产。在政治和文化方面，学习了矛盾论、中国革命史等。

任教首届专修班之初，最大的困难是没有刺绣教材，为此李娥英只能边上课边写教材，同时摸索出一套循序渐进、课堂内外相结合的教学方法。据当时的学员何晓回忆，她们是从学最简单的齐针开始的，要绣到齐如刀切后，方能做抢针，正抢做不好不能上手反抢，抢针做不好不能上手套针。在绣花草前，李娥英会带学员们走出课堂，亲自去观察花的丝理、叶子的叶脉走向，并要求她们用学到的绘画技能，把观察到的丝理走向用笔描绘出来。待同学们有了切身的感悟后，方能开绣。学绣仕女也是要先学绣飘裙褶袖，再学绣指手发额，最后学绣眉眼鼻脸，等各部位的绣法要领都掌握后，绣仕女才可一气呵成。她们当时是封闭式管理，学员有事出门必须请假，获批后方可离开。除了白天上课，晚上还要晚自习到9点才能

休息。严格的管理和行之有效的教学方法，使这批学员练就了扎实的基本功。

1958年，为了帮扶少数民族，有两名维吾尔族学员来研究室学习，由李娥英任教，主要教授齐针、抢针等针法，学习时间共两个月。同年为进一步开拓苏绣艺人的视野，由苏州市工艺美术局书记刘玉昆带队，率领研究室的李娥英、王松林、叶文庭、傅元忠、董芝兰、柳金燕、徐志慧等赴广州工艺美术研究所学习广绣，自带绣绷，学习广绣针法，绣有《木棉花》《荔枝》等十余幅作品，后又赴湖南湘绣厂学习湘绣针法，绣有《野鸡》《鸳鸯》《花鸟》《仙鹤》等十余幅作品。这次交流学习历经近两个月，使研究室的技艺人员增长了见识，同时从其他绣种中取长补短，极大提高了苏绣的技艺水平。

李娥英为第一届刺绣专修班学生上课

1959年11月，经苏州市轻化工局批准，苏州市工艺美术研究室升为苏州市工艺美术研究所。1960年2月10日，经当时的苏州市工艺美术局党委决定，苏州市工艺美术研究所分为苏州刺绣研究所和苏州市工艺美术研究所两个所，其中苏州市工艺美术研究所实验工场为苏州刺绣研究所，由金静芬任所长。同年，因慕名当时南通的刺绣仕女绣，苏州刺绣研究所艺人李娥英、徐志慧、叶文庭、叶素珍等赴江苏南通学习刺绣人像，完成《梳头仕女》《老人头像》等作品。

1960年5月，苏州刺绣研究所抽调李娥英等5名技术高超的刺绣艺人成立针法研究组，专门研究新针法的运用并对各种针法进行整理、汇编，用以总结经验。1961年3月开始，根据学员的特长，刺绣研究所又分成5个专业，即乱针、打点戳纱、平金打籽、创作设计和细绣（包括花鸟、小猫），并由

李娥英指导学生绣制作品（左为李娥英）

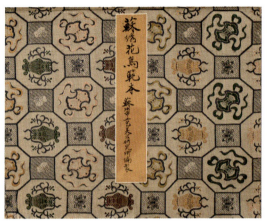

《苏绣花鸟范本汇编》（苏州博物馆藏）

技艺水平较高的老师专门指导。针法研究组的成立，使李娥英如鱼得水，向着纵深的苏绣创作道路迈进。有一天，李娥英突然发现墙角边生长的月季花瓣，丝理是那么的清晰，顿生灵感，并开始研究刺绣的丝理规律。所谓丝理，指的是刺绣线条排列的方向，对所表达物体的凹凸转折、阴阳向背具有决定作用。经过她持之以恒的反复试验，终于摸索出一套丝理变化规律，并开始用于指导刺绣生产，这套丝理针法大大增强了绣品的艺术效果，亦成为苏绣发展史上的一大飞跃。

值得一提的是，李娥英从 1961 年开始主编《苏绣针法汇编》，系统地把苏绣针法归纳为 9 大类共 42 种，绣制汇集成《苏绣针法过程图》，为苏州刺绣研究所留下苏绣实样教材。通过整理苏州市档案馆提供的李娥英日记发现，她从理论上对苏绣针法技法、用色运针、刺绣丝理等进行了全面总结，这也就是 1965 年出版的《苏绣技法》一书（李娥英主编，轻工业出版社）。另外，李娥英分门别类地汇集成《苏绣花鸟范本汇编》《苏绣蝴蝶百种汇编》《草虫图汇编》《瓜果范本汇编》《平金绣法范本》等实用品绣法汇编。

紧接着的 1962 年春，苏州刺绣研究所正式成立针法研究室，由技艺水平较高的 15 人组成。主任由时任副所长的徐绍青兼任，副主任为李娥英、

《草虫图汇编》（苏州博物馆藏）　　　　　　《瓜果范本汇编》（苏州博物馆藏）

指导学生朱云媛作品《葡萄腊嘴》（苏州博物馆藏）

任嘒閒、顾文霞、周巽先 4 人。当时的党支部提出发扬流派风格的号召，针法研究室人员根据自己的专长提出各自的主攻方向，有小猫、金鱼、山水、花鸟、仕女、肖像、乱针绣等，使得这一时期的作品百花齐放，创制出了一大批优秀的作品。此时的李娥英，从某种意义上讲，已然蜕变成名副其实的刺绣研究员。她运用不同的针法，选用不同的底料，设计并绣制了戳纱书签和钢丝布手提包；运用结子盘金和戳纱开发出了台毯等新工艺产品。或许这些日常生活用品，在现在看来就是极为普通的文创产品，但在当时来说，恰是她用来研究针法的具体试验，是她有计划、有目的的一项研究工作，对她来说得到了出乎意料的收获。同时，时任首届专修班班主任的李娥英，经过四年半的系统教学，使学员们于 1962 年 7 月顺利毕业，毕业作品中选出了 13 幅参加北京团城特展。其中，杨家琳的双面绣《洋水仙蛱蝶》、段丽英的《玉兰蝴蝶》、席元英的《山茶花》等四幅为自画自绣。另外，刘丽英的《关汉卿》、朱云媛的《葡萄腊嘴》获工艺系统优秀作品奖。第一届专修班的学员因成绩优异，毕业当年全部留在研究所工作，成为当时所里的技术骨干。多年后，这些学员有的走上领导岗位，有的成长为省级、国家级工艺美术大师，而薪火相传，她们又培养出下一代的刺绣人才。苏州刺绣研究所首届专修班的优秀毕业生余福臻（现为中国工艺美术大师）就是李娥英的学生，而她技术指导传统针法研究的学员还有周春英、陆巧玲、陈幼梅、马彩云、王化萍等人。

1962 年年底，针法研究室徐绍青、李娥英、顾文霞、叶素珍、徐志慧和专修班毕业生朱云媛、何晓共 7 人，受故宫博物院邀请，赴北京复制明代刺绣家韩希孟的刺绣册页，包括《洗马》《百鹿》《仕女》《鹌鹑》《山水》《松鼠葡萄》《蜻蜓豆荚》《花溪渔隐》共 8 幅，另有董其昌题诗 8 幅。经过 6 个月的研究摸索，终于完成了复制任务。经故宫博物院副院长及织绣组的魏松卿、徐邦达、陈娟娟等核对鉴定后，对绣品甚为满意，当时还请了 93 岁高龄的丝织专家朱启黔先生鉴定，朱老看后高兴地用红笔题了"超凡绝伦，前无古人，可敬来者" 12 个大字，赠给李娥英等刺绣复制人员。李娥英和顾文霞对每幅复制

绣品进行了技术小结，徐绍青研究了韩希孟刺绣的艺术特色，并写下了《试论露香园韩希孟刺绣》一文。

1963 年 3 月，经苏州市工艺美术局批准，苏州市工艺美术研究所总所改为苏州刺绣研究所，苏州市工艺美术研究所分所改为苏州市工艺美术研究所，苏州刺绣研究所党支部书记为丁仪，所长为张西湖、钱漱瑜。专题刺绣研究所的确立，使苏绣艺术的研究走上了阔步发展的道路。李娥英开始摸索设计绣稿，积极通过外贸销售。这一过程使得她的技艺水平不断提高，新产品不断涌现。

1965 年，李娥英在一幅刺绣作品《在洒满鲜血的土地上》采用了"分绷合绣"法，这种技法为以后在同一

《在洒满鲜血的土地上》（李娥英绣）

幅刺绣作品中用不同底料合绣及大绷分绷的各绣创出了一种处理办法，也在技术层面为刺绣与现代装饰的完美结合奠定了基础。由于当时的绣绷最大的也仅有 2 米宽，要绣更大的画幅就变得十分困难。因此，李娥英开始尝试"分绷合绣"，就是把画面分成几个部分，由不同绣娘同时绣制，完成后再合起来，但要合得看不出接缝来，则是相当考验绣制技巧的。同时，这种方法还可以大大缩短大型绣品的绣制时间。巨型刺绣作品《开国大典》（宽 300、高 180 厘米，董希文稿）就是由李娥英等人运用"分绷合绣"法绣制的。

据李娥英之子邱斐回忆，母亲李娥英绣制《开国大典》时他年仅 6 岁，这一年也是外公去世的时间。当时外公是在他面前去世的，恰恰又是个傍晚，外公在弥留之际对他说，他累了想休息一下，闭上眼睛以后就再也没有睁开。此刻的李娥英正在研究所里争分夺秒地组织艺人们赶制大型刺绣作品《开国大典》，在得知噩耗后匆匆赶回家。按照当地风俗，外公的遗体当晚就要从苏州古城送到木渎乡下老家祭奠安葬，但自古忠孝不能两全，作为家中长女、孝女的李娥英，为了任务无奈中把外公的遗体送出门外，忍着巨大的悲痛又回到工场继续绣制。这种精神让大家异常感动，纷纷要求加班加点，最后终于赶在规定时间前完成了任务。1968 年，由李娥英等人集体创作的《开国大典》，如期赴法国展览会展览，引起了极大轰动。

但凡遇到大型绣品的赶制，李娥英总是第一个上班，最后一个下班。每天职工们下班了，

"分绷合绣"法绣制《开国大典》局部（苏州博物馆藏）

她还要巡查每一个工位的工作情况，以便及时调整第二天的工作安排。比如，每一个职工绣的进度情况、各工位的进度是否能达到同步等；同时要提前考虑到对于工作量大的工位，是否需要安排加班，以便达到同步翻绷；再细到各工位第二天会需要些什么色线，下班前提前给她们配好；还包括核实工位上的图案是否已配备了有专长的绣工在绣制，最后还要对工场间进行清洁整理。一到冬季，她就会起个大早第一个到工场间把取暖的炉子点上，让职工们踏进工场间就有一个温暖舒适的环境，以便迅速高效地进入工作状态，不浪费每一分钟。

归纳起来，1954 ~ 1958 年，李娥英所在的苏州市刺绣工艺美术生产合作社的生产任务是根据与北京工艺美术服务部签订的合同而定，产品主要销往苏联、东欧等社会主义国家；1958 ~ 1963 年，李娥英所在的苏州市工艺美术研究室和研究所，除刺绣实验工场生产刺绣、缂丝欣赏品外，另有刺绣日用品、绒线绣品等工作，主要通过广交会、上海丝绸进出口公司和上海、北京、南京、苏州等地的友谊商店及上海外贸公司、北京外贸公司、北京外交部供应处等单位行销世界各地；其后直至 1966 年，苏州刺绣研究所经营的主要产品有刺绣欣赏品（包括双面绣、乱针绣、绒线绣）、缂丝品、

刺绣日用品。

"文革"开始后，李娥英所在的苏州刺绣研究所针法研究室人员被分到工场，实验工场重新编组，共分为 9 个班组。在这期间，李娥英因其爱人导致政治生涯受到牵连，党员的组织生活也被叫停，但她对此毫无怨言。即便是在这种处境下，所里绣品需要金粉而无法批到金子时，她毅然把自己的结婚戒指化掉，打成金粉制成颜料泥金（创新刷于尼龙绢底料上），无偿捐赠给单位使用。1966 ～ 1972 年，李娥英开始主要生产毛主席像以及革命题材绣品。

1972 年，苏州刺绣研究所与日本、美国建立联络处后，主要销售对象为日本、美国和西欧等国家，至 1978 年间，主要生产刺绣欣赏品和缂丝品（包括日本和服腰带）。1977 年初，恢复针法研究室，共由 17 人组成，李娥英为副主任之一，其主要任务是研究针法运用与产品创新。这一年，李娥英接到了一个重要任务，就是完成王金山等人的缂丝作品《西江月·井冈山》的裱边任务，这件作品完成后将悬挂在毛主席纪念堂。缂丝作品历来采用绫纸裱边，为了使这件特殊的缂丝作品的装裱能呈现一种新的效果，李娥英冥思苦想，最终研究出一种不同于一般的色线，即用三种角度的丝理产生不同明暗反光的戳纱绣法，绣制了该作品的边框，取得了别具一格的装饰效果。

1978 年，李娥英被任命为苏州刺绣研究所副总工艺师。同年，研究所开设了第二届刺绣培训班，李娥英仍然挂帅班主任。从 3 月到 11 月，苏州刺绣研究所集中了从 1970 年到 1977 年进所的 17 位青年职工，进行集体训练，由李娥英、吴玉英任教。在教学中，她采用一种图案、六种针法、四种绣底，设计绣制《梅花》，进一步探索传统针法在作品上的不同运用，在教学中收到了良好的效果。通过八个月的严格训练，他们基本上掌握了苏绣常用针法"平、齐、细、密"的技术特点，结业时，所绣的结业作品均达到优秀水平，成为刺绣一工场的技术力量。

在这个时期，李娥英的作品出现了充分展现时代新面貌的题材，其中包括不少以领袖像、名人像为代表的肖像作品，如《湘君》《纳赛尔肖像》《戳纱毛主席去安源》等，以及李娥英等集体创作的单面绣《八女投江》，就是这一时期的代表作。与此同时，李娥英还研制出体现技法传承与创新的作品及针法汇编，如《苏绣针法汇编》《汉代刺绣针法汇编》《戳纱拟绒针法汇编》《瓜果范本汇编》等，保存了以李娥英为主研究完成的实物教材样本，同样珍贵的还有李娥英在刺绣训练班教学实践中编著的《苏绣技法》等。这些文本充分反映出李娥英在这一时期已不局限于单纯的个人创作，更是把培养年轻一代作为工作重心的特点。同时，这也反映出此阶段苏绣确立了"为生产服务、为人民群众生活服务、为对外贸易服务"的基本方向，苏绣不仅自身不断取得新的艺术成就，更为社会主义建设做出了突出贡献。

三　改革弄潮（1978～2000年）

改革开放为苏绣艺术重塑历史的辉煌创造了条件，开启了市场经济条件下创作设计、生产销售、艺术创新及文化传播的新篇章。这既是一个涌现大师的阶段，也是不断培养优秀人才的历史时期。具体归纳起来，自改革开放开始，李娥英所在的刺绣工场主攻生产刺绣欣赏品和缂丝品，另外设有外发间，主要生产旅游品。

1978年12月，苏州刺绣研究所遵照党的十一届三中全会精神，围绕"出成果，出人才"的基本任务，研究分析了刺绣欣赏品的发展方向，制定了提高经济效益的具体措施。由于国际旅游事业的发展，来所参观的人数不断增加，市场的销售量骤然上升，产品出现了供不应求的局面。为满足需要，苏州刺绣研究所一方面加强了研究工作，另一方面改变了产品结构，即从单一绣制国家礼展品转变为研制和生产小巧玲珑、便于携带的中小型旅游品，使产量和销售额均有了大幅增加。1979年，李娥英光荣地当选为全国工艺美术艺人创作设计人员代表大会代表，并荣获"中国工艺美术家"（后更名为"中国工艺美术大师"）称号。其后，李娥英随中央工艺美术展览团赴日本中国工艺品展览会表演，在东京、大阪两地表演刺绣《金鱼》《湘夫人》技艺，每次表演都吸引了络绎不绝的观众驻足观摩。在这些热情的外国观众面前，她游刃有余地将一根丝线用手轻轻劈成4股、8股……24股、48股，然后就用这细如游丝的"丝"来刺绣。一位日本书法家边看边惊叹起来："我只见到银针在飞舞，我认为我看到的似乎是神手！"他很想摸一摸这根若隐若现充满神秘的绣线，但当李娥英递过去时，他却不敢触摸了，只是握着李娥英的手连声赞叹道："我为中国有这样的文化而高兴，我为中国有这样优秀的工艺家而高兴。"只见李娥英坦然处之，微微一笑。我国高超的刺绣技艺受到日本民众如此高的赞赏，在她看来并不意外，因为苏州刺绣研究所很早就已对外开放，每年都要接待成千上万的国内外来宾参观。因此，李娥英清楚地意识到，刺绣手工技艺对于弘扬中华民族传统文化的重要作用和意义，只是这一次她身处异国他乡，这种感受显得格外真切和强烈。

1979年1月，北京十三陵管理处委托苏州刺绣研究所复制定陵出土的百子衣，该衣出自明万历帝孝靖皇后棺内。刺绣艺人李娥英、吴玉英随即赴北京分析原作，接受了复制任务。同年10月，研究所设计室段丽英赴北京绘制百子衣图样。此衣身长71、袖通宽182厘米，以龙纹和百子嬉戏图案为主体，朱红色线穿丝针绣满地。直到1981年4月，第一件百子衣正式开始复制，由李娥英指导，王招媛、柴全云、华文绢、张素珍、莫根金、叶宝金、洪芝范、王菊宝8位同志绣制，至9月27日完工，前后共历时800个工作日。此件百子衣后被国家科学技术委员会收购，参加中国古代科技展览会，先后在加拿大、英国等地展出。

从1980年开始，苏州刺绣研究所开始以专业分组，分为两个花鸟组、一个小猫组、一个金鱼组、一个缂丝组和一个乱针绣组，并建立了旅游品试制组，设计花边、胸花、钱包、绣裙等十多个外销产品品种。在出口外销力度不断加强的同时，伴随国民经济水平的提高，内需市场也逐渐获得重视。在内、外销的共同拉动下，苏绣的生产品类也有了发展变化，主要

表现在日用类刺绣产品的增加，如窗帘、床罩、浴衣、组件套、出口服装等，并随着市场的变动和民众的消费需求而不断变化演进。作为改革开放后体制机制改革的一部分，国家对工艺美术的生产、经营以及管理体制进行了一系列调整和改革，撤销国家轻工业部，成立国家轻工总会，对物资供应与产品销售环节进行市场化改革，对工艺美术集体企业开展股份制改造，实行工艺美术职称评定制度等。这些改革措施进一步推进了苏绣的生产创作与市场的结合，增加了刺绣企业的市场活力，提高了创作设计人员的能动性。其创作题材亦受到时代与社会变迁的深刻影响，在保持对现实主义和重大历史题材创作关注的同时，反映现代社会发展和城市生活等题材的苏绣作品开始登上舞台，绣稿也从传统的线描发展至照片或绘画，拓展了苏绣创作的形式。自此，苏绣彻底进入了一个全面发展的新时期，李娥英的苏绣作品在题材、品类、针法、材料、形式上均有革新。

1981年3月10日，苏州刺绣研究所成立了质量管理领导小组，由钱漱瑜、李娥英、何晓、洪茂珍、朱云媛、余福臻、李梅梅共7位同志组成。在"排""议""找""攻"的基础上，确定先以苏绣小猫为主攻产品，建立了绣猫攻关小组，由李娥英、余福臻等6人组成，攻关小组主要解决绣猫的轮廓、丝理和色彩三大问题，还请了设计猫的何兆元来上课，方便讨论绣技，经过6个月的攻关，取得了较好的成绩，绣猫的质量有了不同程度的提高，该小组当年被评为苏州市先进QC（质量控制）小组，每人获奖金五元。通过全面的质量管理，对吸收先进的企业管理知识、提高苏绣从业人员的技艺水平，起到了一定的促进作用。

1982年3月，李娥英指导创作的双面三异绣《鹦鹉仕女》《彩丹引凤》等作品参加在澳大利亚维多利亚州墨尔本市的江苏省工艺品展销会，而她也在会上连续多日表演绣制《双猫》《金鱼》，平均每日吸引2.5万余人参观。展销期间，当地多家报刊和电视台的记者接踵来访，纷纷发表文章，对其大加赞赏——"中国展览，世界一流"。维多利亚总督麦瑞先生和夫人参观并留言"你们精湛的工艺和高超的艺术成就，使我们沉醉在幸福之中"，还激动地和李娥英握手，祝贺她在刺绣艺术上所取得的成就。澳大利亚女诗人奎佩斯三次观看刺绣表演，并即席写下了长诗《江苏瑰宝》，当场赠予李娥英。毋庸置疑，这是国际文化交流给苏绣艺术发出的真挚的回响，而这魅力是高超苏绣技艺的魅力，是中华民族悠久历史文化的魅力。

李娥英在澳大利亚墨尔本举办的江苏省工艺品展销会上现场表演刺绣

　　1982 年 6 月，为加强不同绣种的专业研究，苏州刺绣研究所决定把原来的针法研究室分成一室、二室。第一针法研究室主任为李娥英，副主任为余福臻，共有成员 11 位，主要研究细绣和传统针法，包括双面绣等。第二针法研究室主任为任嘒闲，副主任为周巽先、张美芳，共有成员 8 位，主要研究乱针绣。研究室还派出李娥英、孙佩兰、沈国庆三人赴江苏泰州市博物馆调研 1980 年 11 月在泰州市东郊鲍家坝出土的明代刺绣补子。

　　1985 年，由顾文霞、李娥英、王招媛、王菊宝、柴全云等参与的"明定陵出土刺绣百子衣复制工艺研究"项目，荣获该年苏州市科技进步三等奖。这为苏绣传承发扬优秀传统，将文物复制中的优秀技艺反哺于创新打下了坚实的基础。复制古代皇家绣品苏州刺绣独占鳌头，这一时期正式确立了苏州刺绣艺术复古绣高地的名片。

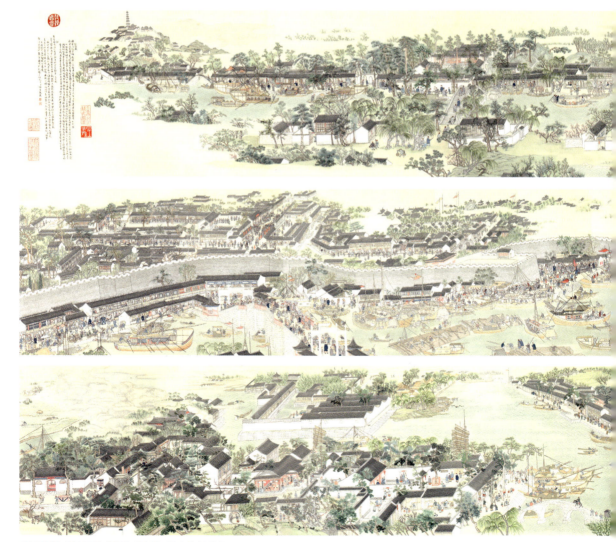

仿清乾隆《姑苏繁华图》苏绣长卷（完整卷）

面上熙来攘往，约有万余人。苏绣《姑苏繁华图》是一幅长400、宽33厘米的长卷，取原画胥门到阊门一段，运用接针、套针、缠针、铺针等十多种针法和500多种色线，将长卷中鳞次栉比的店铺、官员们显赫铺张的排场、苏州学台的院试、新郎新娘向双亲参拜的苏州风土人情，纤毫毕具地精绣出来，不失原作的神韵，可谓是一幅极佳的苏绣艺术力作。

绣制《姑苏繁华图》作品最初的缘由是，当时的吴县文管会主任陆永文见到《姑苏繁华图》后，产生了要绣成这幅作品的想法。他在参加此画的内容分析和历史考证时，见到其中近木渎段有一座桥，桥名含糊不清，鉴于李娥英出生于木渎，所以特意找到了她，这也使李娥英有机会得见此图。李娥英当场就被图上乾隆时古城内外工商繁荣、物产富饶的繁华盛景吸引住了，该画可与宋代张择端所画汴梁的《清明上河图》相媲美。随后李娥英和顾文霞一起到苏州市地方志编纂委员会办公室查阅相关画卷，但考虑到中国苏绣艺术博物馆当年开馆，上级要求在开馆时陈列，时间上异常仓促，来不及绣制全幅，所以只选了画作中胥门至阊门长约4米最为繁华的一段，约为全卷的三分之一。绣制工作自1986年5月3日开始，花费2457个工时，当年9月30日便完成，前后一共有15人参与绣制。中国苏绣艺术博物馆开馆后，在时任馆长顾文霞的主持下又重新复制了11米的完整卷。

1988年，李娥英再次参加了在北京召开的第三届全国工艺美术艺人、专业技术人员代表大会，会上授予为工艺美术事业做出突出贡献的62位专业技术人员"中国工艺美术大师"称号，对1979年评授的李娥英等34位"中国工艺美术家"改称为"中国工艺美术大师"。李娥英，作为新中国成立后的首批"中国工艺美术大师"中的刺绣专家，是当之无愧的苏州籍第一位"苏绣大师"。

1989年，为能达到国务院文件规定的建基金会所需经费十多万元，李娥英在当时市工业工合协会的扶持下，在阊门饭店❶租下场地，成立苏绣艺苑，将培训工作继续下去。当时收了几名学员，最多时有6人。李娥英对她们要求异常严格，绣的不好的作品，她会立刻拿剪刀剪掉。有一次，一名学员因为压力大，绣着绣着绣不下去，李娥英就让她先停下来，去看实物后再动手，并在旁边耐心指导。在研制高档日用绣品中，有各种桃心外形的女士肚兜，以各色淡雅绣缎为底料，赋予花草、动物、风景图案点缀，显得十分秀丽可爱；还有一些不同色彩系列的男士领带，明快典雅、图案丰富、针法多样，几乎每款每式都让人爱不释手。通过不懈努力，苏绣艺苑的绣品质量在业内声名鹊起。

1994年9月，李娥英曾起草《筹建李娥英刺绣事业基金会》的请示报告，提出设立基金，用于奖励刺绣优秀作品、技艺成果，选收刺绣名家不同风格、流派的绣品代表作，供研究、探索、创新、借鉴以提高苏绣技艺水平，同时开展研究培训。但在1997年，李娥英却毅然决定，将这一时期倾注她心血的124幅苏绣精品全部捐赠苏州市人民政府，由苏州博物馆收藏。苏州市政府向她颁发了荣誉证书，并赠予她"绣苑大师"的银盾作为纪念。她之所以放弃筹款的计划，实在是因为不愿让这些作品散落开去，失去了传承、发扬苏绣技艺的初衷。但遗憾的是，随之而来的市场改

---

❶ 阊门饭店位于苏州市姑苏区东中市。

苏绣领带一组（李娥英绣，苏州博物馆藏）

大红地绣白花蝴蝶肚兜
（李娥英绣，苏州博物馆藏）

大红地绣双蝶白菊花肚兜
（李娥英绣，苏州博物馆藏）

革，将基金会这一计划彻底付之一炬，这也成为她的一大遗憾。不过，此时的李娥英对个人得失早已看轻，她只是怀着对苏绣的那份难舍的情感，当时的她是多么希望看到有人行动起来，促进苏绣更好地发展下去。可以毫不夸张地说，在李娥英的刺绣生涯中，其创新无数、获奖繁多，是当之无愧的苏绣宗师。值得庆幸的是，如今当你漫步苏州博物馆的展厅时，你会惊喜地发现有一个展厅琳琅满目地陈列着李娥英的刺绣作品。

历经过改革开放的李娥英，秉性好学不服输，不断开拓传统刺绣与现代艺术、现代科技相结合之路，成功探索和创作了一批创新性的刺绣精品，如她在这一时期创作出的市场热销产品，就包括国内外旅游纪念品、剧装等，出口日本的和服腰带，定制的世界名人肖像作品。

这一时期，突出了以苏州刺绣研究所为核心的苏绣技艺新成就，李娥英也被任命为中国苏绣艺术博物馆主抓业务的副馆长。也正是在这个阶段，李娥英率领的团队经过长期挖掘、整理和研究，传承并发展了40多种针法，形成了"思维大于技巧"的创作理念，为苏绣艺术的发扬光大树立了新的里程碑，标志着苏州刺绣从内容、形式到技巧，都焕发出空前的艺术魅力，进入了全面发展阶段，苏绣也成了我国工艺美术行业对外销售和传播交流的龙头。

四　绣随时代（2001～2018年）

21世纪之初，李娥英原先工作过的苏州刺绣研究所经历了又一次转型，生态环境发生了深刻变化。主管工艺美术事业的国家轻工业局从国务院组成部门中撤销，成立了中国轻工业联合会，标志着国家对工艺美术的直接管理已转变为按照市场经济运作的协会化管理体制。2001年12月26日，苏州市工艺美术局正式批准苏州刺绣研究所由事业单位转隶改制为苏州刺绣研究所有限公司，其改制前的231件(套)苏绣珍品，包括李娥英等编著的《苏绣针法汇编》，得以划拨至当时的苏州工艺美术博物馆（2019年10月并入苏州博物馆）珍藏。

1996年6月退休后的李娥英，始终放心不下的依然是刺绣事业的传承与发展问题，即便期待有更多的年轻人加入到刺绣传承队伍中来，但在教授刺绣和学生的选择上，李娥英却表现出非同寻常的严肃与认真。直至2000年，通过吴县市妇联组织的"双学双比"科技结对活动，李娥英跟木渎老家结对了许多喜爱刺绣的年轻人，桃李满天下。

21世纪以来，苏绣艺术面临着如何融入当代生活的重大命题。为了创作并留下更多的艺术精品，在人生的最后几年，李娥英尽管身体和精力都大不如前，但她却将作品"艺术生活化，生活艺术化"，使两者在交替中升华。由生活方式和消费观念的巨大改变而产生的新美学、新品味，使李娥英跳出保守窠臼，以开放为前提，汇集更为广阔的创意来源，指导开发出极具时代气息的艺术品。通过实践—理论—实践的反复摸索，以针线为画笔在绣面上进行刺绣写生，充分汲取国画、油画的表达手法，以及摄影中的光影技巧，适度增强作品元素的艺术效果，着重加大作品的整体表现力。这一时期经李娥英指导过的苏绣作品，紧随时代，积极拓展新的生存发展空间，艺术风格和精神内涵都呈现出前所未有的新格局和新气象。

2004 年 8 月，我国加入《保护非物质文化遗产公约》，逐步确立起从国家到地方的非遗保护与传承机制，苏绣技艺的传承保护得到了充分的体制保障。2006 年，文化部颁布了包括苏州刺绣在内的首批国家级非物质文化遗产代表性项目名录，其中超过四分之一的项目属于传统手工技能。2017 年 3 月，国务院办公厅印发《中国传统工艺振兴计划》，为传统苏绣技艺的新旧动能式转换提供了政策支持。但此时的李娥英，身体开始出现不良状况，更为遗憾的是，由于年事已高，李娥英于 2018 年 9 月 5 日与世长辞。同年 7 月 23 日辞世的，还有她的同事中国工艺美术大师殷濂君。这一年，苏绣艺术界痛失两位大师。斯人虽远行，风范永留存！

李娥英的名字，注定是一个平凡而伟大的名字，她生前就骄傲地说过，她的名字包含唐尧❶的两位女儿。李娥英能够成长成为一名中国工艺美术大师，靠得不仅是勤奋，更取决于她不断补充自身的社会知识和提高人文修养，这对她的艺术创作和事业均起到了重要的作用。追溯李娥英七十载的艺术传承之路，是经过多年孜孜不倦地勤奋劳动、持之以恒地学习技能和积累经验去掌握技巧。她深信这一切的努力，才是艺术创造的必要条件。纵观李娥英艺术生涯的成长，虽历经起起伏伏的改革大潮，但一条清晰的脉络可以窥探出，其艺术创作伴随着共和国的成长，在坚守中激荡起初心的澎湃力量，成为苏绣艺人的典范。

新时代赋予了苏绣新的使命，苏绣作为中国刺绣历史变迁的动脉，凝聚着无数刺绣艺人及专家学者的智慧。同时，新时代的苏州刺绣正以前所未有的历史机遇，实现着一次又一次的重大跨越。历经改革开放大潮的李娥英等苏绣艺人是幸运的一代，她们处在中国改革开放的美好时代，正处在经济大发展与繁荣的背景下，也正处在国家领导人尤为重视传统文化的保护和传承的际遇下。同时，21 世纪的苏州犹如翻开了历史的华丽新篇章，不断涌现出新生代的精英艺人群体及创新针法，尤以中国工艺美术大师姚建萍的韵光绣（压光绣）、姚慧芬的简针绣及江苏省工艺美术大师顾金珍的免光 T 形绣等最具代表。

苏绣经过多年不断的传承创新，逐渐形成了自己"精细雅洁"的艺术风格，为世人所称道。如今的苏绣在时代性、原创性、思想性和艺术性等方面都有了质的飞越。南朝宋陆凯诗云："江南无所有，聊赠一枝春。"以李娥英为代表的苏绣大师们，以针代笔描绘人间之美好，使其不仅作为艺术品，更成为一种地域文化形象，用刺绣语言梳理出中国故事，夯实了江南文化品牌，反映出时代精神，坚定着文化自信。

---

❶ 唐尧、尧帝简称尧，为帝喾次妃陈锋氏女庆都所生，祁姓，名放勋，号陶唐，谥曰尧，因曾为陶唐氏首领，故史称唐尧。娥皇和女英是古代传说中尧的两个女儿。

贰

艺术成就

一　绣化双面——异色异样迎高光，异针异线绣人生

新中国成立初期双面绣极少，常见的单面绣品背面均有杂乱的线丝和线结，民间偶有出类拔萃的双面绣头巾、手帕等服饰小品，俗称"两面光"。而李娥英恰恰是在木渎凭借"两面光"声名鹊起，她在绣平套花时，偶然发现丝线排列顺序的规律，同时兼顾藏线头的窍门。1942年，年仅16岁的李娥英在平套针的基础上绣制成功第一幅"活毛套"针法的松鼠。此后她开始娴熟地运用"活毛套"刺绣牛、猫、鸟、蝶等动物，均为被面纹样中的主角。

有一次，李娥英为婆婆做寿绣花鞋，无意中发现正反两面的图案绣得一模一样。这时她想到了"两面光"，突然悟出了双面绣的技巧所在，也就是在扎针的时候，反面也必须一针一针地按顺序绣过去，两面针脚一样长短，才不会引起打结。结合"两面光"的启发，她无师自通地产生了双面绣的设想。

1952年，李娥英进入木渎中学青年夜校学习，同时负责指导木渎镇五位妇女（王祖识、蔡文华等）绣制妇联赠予世界和平理事会24方纯色双面绣和平鸽手帕的任务。当时妇联还召集了众多人员前来观摩，所绣作品最终作为国礼送往世界和平理事会。

1954年，李娥英到苏州市文联民间艺术研究组刺绣生产小组后，汲取众家之长。在绣月季百蝶被罩时，她一方面把观察到的花瓣纤维组织形态的转折变化运用到散套针处理中，试绣了被罩上的月季，另一方面根据蝴蝶的生长结构与色彩变化绣成了第一只彩色双面绣蝴蝶。指导老师朱凤发现李娥英在绣制时把透明纸按在画稿上，轻轻用针别儿当笔，勾下一只蝴蝶的轮廓，再试着描画在另一面，绣成了彩色双面绣的蝴蝶。

于是在1955年苏州开始研究双面绣时，朱凤老师就将《五彩牡丹》插屏的绣制任务交给了李娥英、王祖识、蔡文华三人。关键是这件作品比之前绣的日用小品在难度上增加了很多，而且牡丹的色彩还有深浅浓淡的渐变色，异常难绣，虽然当时故宫博物院陈列有双面绣作品可以借鉴，但也仅仅是单色做参考。然而，心灵手巧的李娥英已经掌握了双面绣的精髓，再加上团队的力量和智慧，克服了用针、挑线、镶色等方面的重重困难，历经70余天的日日夜夜，终于绣成了这件作品。此件双面绣一经问世就被认为是运用散套针针法绣制双面绣的首创，获得了江苏省手工业联社颁发的一等奖。自此，苏州的双面绣异军突起，一举成为苏绣的代表，当时还推广到全国的各个刺绣产区。

李娥英所在的刺绣生产小组在1954年研制单面仿粤绣《百鸟朝凤》的基础上，于1957年创新研发成功双面绣《百鸟朝凤》。该作品又称《五伦图》，表现的是形态各异的百鸟鸣春的场景，其有粤绣的洒插针、打针、渗针等十余种针法，又运用了苏绣的散套针、施针、虚实针等多种针法合绣完成。作品色彩丰富，不同的针法将图中禽鸟、百花层层叠绣，构图和色彩不仅具备粤绣的基本特色，又突显出苏绣的风格韵味。

1964年10月，李娥英偶然从报纸上看到了我国第一颗原子弹爆炸成功的新闻，那张蘑

苏州市刺绣工艺美术生产合作社双面绣组全体合影
（左起：顾文霞、吴玉英、王荣珍、王祖识、蔡文华、李娥英、徐素珍、王宝珍）

菇云照片让她怦然心动。她在好奇心的驱使下，想运用刺绣艺术来表现蘑菇云冉冉上升的壮丽景象。但丝绸织物比较厚，绣在上面很难体现出效果来。她通过对人造丝性能的仔细琢磨、反复试验，终于在次年于尼龙绡上绣成双面绣《蘑菇云》。这是一种以尼龙为原料，以平纹或变化平纹织成的轻薄透明织物，绣好后画面透明清晰，蘑菇云似有腾空而起的质感，大大提高了双面绣的艺术效果。李娥英大胆地采用这种尼龙织造的"绡"作为刺绣的底料，借以其薄如蝉翼、清澈透明的特点，极强地表现了作品中蘑菇云凌空而起的瞬间，充分展示出我国原子弹爆炸的壮丽场面和巨大威力。《蘑菇云》作品的成功，使我国传统的双面绣进一步展示出崭新的时代风格和发展前景，拓展了双面绣广阔的艺术天地，使这一产品取得了历史性的突破。

这一时期的李娥英并没有因已经取得的成绩而止步不前，而是不断创新双面绣作品，同时继续研究推广和提高双面绣技法，在底料、针法、绣法、绣品品种等方面大胆尝新。她还曾试着将一根青线和一根蓝线卷在一起，绕成花夹线绣孔雀羽毛眼斑，孔雀的羽毛顿时变得明亮闪烁，使作品展现出前所未有的美丽景象，这种绣法无疑极大地增强了绣品的艺术效果。

其后，李娥英所在的苏州刺绣研究所不断培训刺绣人才，同时在李娥英的带领下持续提升双面绣的绣法、绣技。虽说清代苏州即已出现双面绣，但真正将双面绣普及推广并将其推向技艺巅峰的恰恰是在李娥英等人创作的这一时期。李娥英还对双面绣技法的关键之处，进行了系统归纳总结。

　　记针——双面绣的基本条件是要正反两面不能打结，只能以记针的方法来替代。记针的动作要领是把拖针穿好线后，线尾剪齐，需在应绣画样中从上刺向绷下，随即拔针向上刺在离下针的二三丝之处，起针把针拔出时轻轻把线拉到线尾，只剩下少许时才落针，在线尾处把线尾压住后，再继续在近处来两针短针，目的是使尾不会松脱。

　　排针——刺绣是以细丝绣积而成，故排针需要稀密均匀。如果排针不均匀，就会直接影响皮面的平光度。原因是正面排针稀，反面绣线斜度大，反之则小。在刺绣时必须按照次序针针均匀。

　　往返排针——反复排针主要目的是解决绣线在反面混杂不平、减少绣线及记针落头的问题。若是绣的时候从左边绣向右边，起落针则是从下往上，那每一针一定要按照这个顺序来绣，直到这一部分结束，如若在绣这部分中间要变换方向顺序，那么起落针方向同样要改变。

　　接线——前一线绣毕再接另一线，以达到两线如一线的效果。反面则不能有接线的痕迹，同样也包括不能有空针及重叠的现象出现。这就需要将后线正确地接在前一线的原眼中。

　　跳线——跳线一般单面绣在反面，是任意从一边跳到另一边的。但双面绣要通过正面未绣的画样，或从已绣好的地方穿到需要的位置。在正面跳，能照顾到跳线不露出在空地上，也就是绣样的外面，同时又能避免落头和记头的顾及。

　　用针——绣双面绣针要拎直，最好用大拇指和中指挡针。拎直刺下主要是避免刺破反面已绣好的绣线。

双面绣《百鸟朝凤》（李娥英指导绣制，苏州博物馆藏）

李娥英考虑到苏绣最能体现其技艺风格特征的是欣赏绣领域，开拓出了以猫、鱼、狗等为代表的极富生活情趣和独具苏绣表现力的新经典，特别是双面绣《小猫》和《白孔雀》等，作品常作为国礼赠予外国元首。

李娥英擅长刺绣针法的研究及运用，她用毕生精力弘扬苏绣文化，传承传统手工艺。半个世纪以来，从第一幅双面绣的创始诞生，到双面绣技法广泛应用于刺绣领域，再到刺绣底料的改革等，无不体现出李娥英在苏绣技法、技艺方面的不断创新，这为苏州刺绣研究所日后数十年仿真绣的逐步发展和创新奠定了坚实的基础，也使得六十年苏州刺绣研究所科研成果硕果累累，成绩显著。

二 传承革新——针法中标新立异，用材上改革创新

（一）总结水准五要素

李娥英将刺绣水准的主要因素归纳为五个方面。一是针法作用，即有刺绣必有针法，每个针法有特定表现；二是色彩作用，即色彩有明暗，亦能分前后，有雅俗之分；三是丝理作用，即丝理可分前后，揉生明暗动态；四是轮廓作用，即造型刻画生动，不呆板；五是用丝作用，即能虚实，能分前后，厚薄质态，深浅层次分明。比如，在"飘"的表达上，如烟气氤动，在飘缈变化间氤氲。画是意在笔先，绣是意在针先，同样可差之毫厘、失之千里，排比其针，密接其线，衣纹丝丝有笔。另外，浓淡合度，施色不见针迹，宛如绘画设色，进而达到形真神似。丝理上，按形体进行，毛丝按中心方向进行，生长关系不可忘。

一件上乘的苏绣艺术品，是工艺性与艺术性的完美结合，作品所凝结的艺术效果成为鉴别苏绣工艺品和艺术品的重要标准。绣品艺术上所表现的突破，往往依托于创新针法的运用。因为每一种针法都有一定的组织规律，因而也就具有独特的表现效果。李娥英通过大量的实践总结出像绣花卉，宜采用散套针法，其线条组织灵活，便于丝理转折，可使镶色、接色和顺，善于表现花卉娇艳多姿、五彩缤纷的特点，但在绣猫上，则宜采用施针，因施针的线条是稀铺后分批逐层施密的，线条可以略有交叉，适宜表现小猫遍身柔和松软的绒毛。

1956年，李娥英首创一种称之为"双面施套针"的针法，成功绣制了双面绣《彩鸟》并荣获苏州市合作社奖。套针是苏绣的常用针法之一，是以"分皮"顺序相套的一种运针方法。根据针法组织形式和表现效果，还可分平套、散套和集套等。施针主要用来表现作品中的人像、走兽、飞禽等，它的特点是用稀针分层逐步加密，便于镶色；丝理转折自然，线条组织灵活。试制双面绣《彩鸟》时，作品上有颜色复杂的翠鸟，没有人绣过鸟类，只会绣花草，因为花草为一次绣成，但鸟毛要分批绣，还要两面绣成且形象逼真，着实不易。即使故宫博物院当时陈列有双面绣鸟类作品，也仅仅是单色，因为没有现成的作品可以借鉴，大大增加了绣制难度。李娥英多次试验，并留意观察鸟的毛丝组织、转折方向及各部位置，基本掌握了绣制技法。最后，李娥英决定采用散套针按照稀针软毛的办法，先绣出彩鸟的轮廓，再用稀针交叉施毛，

使鸟毛两面都能松软活泼，栩栩如生。李娥英在彩鸟等动物双面绣的研发中，对这类针法进行了巧妙地设计，使"线色"的运用能够更加贴切地表现鸟的形象，毛丝的感觉也格外光洁蓬松，极大地增强了双面绣的艺术表现力。至此，苏绣迎来了双面绣的高光时刻，双面异色、双面异样、双面异针等双面多异绣应运而生。

在双面绣《彩鸟》的基础上，李娥英用散套针完成了单面绣《虎》（徐绍青稿）的试制。想到以前用集套针绣出的太阳能闪闪发光，她便试着用这种针法来绣老虎的眼睛，果不其然，绣出的眼睛炯炯有神、光芒四射。由于集套针法的丝理走向是由中心直线向外一圈圈发散，

单面绣《虎》（李娥英绣，苏州博物馆藏）

在任何角度都能迎光发亮，因此可从视觉上使动物的眼睛跟随人的移动而转动，顿显生命的活力。这一古老的针法在虎眼上的妙用被迅速推广，成为日后绣动物眼睛的最佳针法。她创新的散套针和施针相结合的施套针法，也成了后来绣虎、猫等皮毛动物和鸟禽的主要针法。

丝有反光作用，刺绣是积丝而成，当光照到绣品上即会发生反光，但在反光的背面即是阴面（即受光面和背光面）。由于受光面和背光面产生了色的明暗，因此在刺绣绣线的横、直、斜等不同角度，所反映的光的明暗程度也不一样，另外视线角度不同，同样也会引起色的明暗变化。观赏者在视线转移时，绣品会产生一种动态效果，这种明暗交互的反光作用，使绣品极为生动，特别是花、鸟、动物等题材，花可迎风招展，鸟儿展翅欲飞，动物栩栩如生。虽然丝的反光给刺绣带来了一定的明暗艺术效果，这是有利的一面，但在某些作品中也会成为不利因素。如，绣照片人物，本身是以明暗色块来表现的，虽然采用一种角度线条来绣，但由于它自身的位置和光的照射角度不同，会产生明暗变化，容易导致脸部胖瘦、神情的转变，进而影响形象的准确性。另外，绣树枝时，由于反光问题，也容易绣成软而不透的状态。

正是因为丝线的这种反光作用，呈现明暗凹凸的变化，使得刺绣虽以国画和其他画种为绣稿，但其表现效果却与画截然不同。因此，在进行刺绣作品的创作时，势必要将这种丝线明暗处理得当，这就需要深入研究分析光、反光和视线三者的统一问题，特别是中心，只有中心处光的明暗正确，才能符合姿态的变化。

李娥英在刺绣的过程中，发现并将丝理引入，使绣出的动植物更加鲜活生动，水石凉亭明暗有序，缎衣褶袖流畅飘逸。在不断地绣制中，她发现弯曲的丝理不但使景物产生移步随动的效果，而且画面还能迎光变色。当丝理走向与光线同向时色彩暗淡，但当丝理走向与光线垂直时色彩明亮。同时，随着丝理的弯曲，色彩也跟着深浅变化。这种现象的产生，使她明白由于丝线是由蚕丝组成的，每根蚕丝放大了看，如同光亮的玻璃丝带，当光线从其垂直的

角度照射过来时，丝带上就会出现一个高光的亮点，也就形成了光的全反射，当光线与丝带同向时，就不会出现高光的亮点，只能看到丝带自身均匀的弱光，即形成漫反射。线劈得越细，两线间的凹陷就越小，使绣面越平滑，且能平铺更多的线，密集的丝线形成更多的反光点，从而更光亮。当然，线的排列要均、齐，不能遮挡相邻丝线的反光点。比如，为了求光，绣娘往往在绣前会把丝线的捻退松后再绣，也是这个道理。

这一发现，引出了丝理在刺绣过程中的另一个作用——调色。也就是说，用同一种颜色的丝线，只要图案各部位的丝理走向不同，块面就会有明暗之分，从而形成物像。丝理学的出现，使古老的苏绣艺术表现进入了一个新纪元。它揭示了刺绣艺术区别于绘画、摄影艺术的本质，颜料和照片无法达到的迎光变色现象，是蚕丝赋予苏绣的恩惠，更是苏绣艺术特有的魂与根。

有一次李娥英观看了一场大型话剧《蔡文姬》，剧中有一幕众多官员穿着不同色彩的衣服，她便一一记在心里，回来后立即把这些颜色用线搭配出来，后来还把这些色彩使用在《戳纱拟

书画绣仿清任熊《万丈空流图》
不同角度丝理变化
（李娥英绣，苏州博物馆藏）

《货郎图》（李娥英绣，苏州博物馆藏）

绒针法汇编》上。李娥英每每走在街上，总是留意那些穿着各色衣服的行人，以此来逐步提高自己的视觉辨色能力。为了使这一现象能直观地在绣品中展现出来，李娥英断断续续用了五年时间，设计了上百种几何花纹，用戳纱针法进行绣制。为了便于对照说明，她又将每种花纹用三种不同方式绣制。第一幅先用单色线将每一种花纹的块面采用相同丝理走向进行绣制，得到只有线条结构的素色图案。第二幅将其中一些块面用几种彩色线替代，丝理走向不变，从而得到一幅色彩斑斓的花纹图案。第三幅还是用单色线绣制，只是前面彩色块面部位用丝理调色法对丝理走向进行调整，从而形成了一幅明暗有序、光彩夺目的立体图案。这一时期，李娥英还创作了以戳纱针法为主的《货郎图》，此作采用了打点、辫子股、平套、滚针、散套、接针、切针等针法。

（二）自编苏绣新教材

1958 年 4 月，苏州市工艺美术研究室成立了以李娥英为代表的刺绣创新组，挖掘整理传统针法，发展新技巧，双面乱针、借色乱针、双面发绣、革新叠针、网套针、切绕针、拉尾子、立体网绣、打籽针、编绣、戳纱针、毛线散套针、鸡毛针等等，并着手研究各种针法的表现能力。

也就是在这一年，李娥英担任第一届刺绣专修班班主任后，开始自编教材，总结苏绣的针法、丝理、特点等经验。随后编写出了《苏绣技法》，并先后汇集了《苏绣针法过程图》（上册 25 页、下册 26 页，总结苏绣针法 43 种，其基本针 32 种，包括齐针、正抢、反抢、迭抢、平套、散套、集套、搂和针、施针、接针、滚针、辫子股、切针、拉锁子、平金、盘金、打籽、结子、拉尾子、拙绒、鸡毛针、格锦、编针、网绣、冰纹针、挑花、桂花针、松针、戳纱、打点、乱针、扣绣，辅助针法 5 种，包括扎针、铺针、施毛针、施毛麟、刻麟，以及变体绣 6 种，包括迭绣、穿珠、虚实针、帘绣、钉线、贴绫）、《花卉汇编》（15 页）、《瓜果范本汇编》（16 页）、《苏绣花鸟范本汇编》（分上、下两册，共 50 页）、《日用品花鸟针法汇编》（22 页）、《现代人物汇编》（6 页）、《平金范本》（10 页）、《草虫图汇编》（6 页）、《戳纱拙绒针法汇编》（8 幅）、《苏绣蝴蝶百种汇编》（54 页）、《网绣过程图》（5 页）、《格锦种类》（6 页）、《花卉》（9 页）。

蝴蝶范本（选自《苏绣蝴蝶百种汇编》，李娥英绣，苏州博物馆藏）

这些工作系统地总结了苏绣针法，丰富了苏绣的表现能力。比如《苏绣蝴蝶百种汇编》充分展现出李娥英对色彩的熟悉程度、敏感的色彩捕捉能力以及用色技巧，几乎每只蝴蝶都通过五色以上色阶逐步退晕绣法，由深到淡，由暖到冷，以黑白圈边调和，可谓光鲜亮丽、栩栩如生。在这期间，李娥英还开始探索试制孔雀羽小样，直到1960年才试制成功。

（三）材料工艺新尝试

为进一步贯彻"多、快、好、省"的生产方针，1959年，李娥英开始尝试使用虚针法，经过反复研究，在降低工时、节约材料、提高艺术性的前提下，终于创新出了成熟的虚针法。比如，普通的猫作品原来是用散套绣的方法来表现猫身上毛茸茸的真实感，革新后是用虚针施毛的方法来表现，其效果更加活泼、生动传神，用减法达到了减针的艺术特效。这源于李娥英掌握了表现绣毛丝的方法和特点，她明白要使毛丝清晰柔软，必须用深浅色线，通过丝丝相隔对比而形成毛丝的质感。之前的绣法是在把浅色线绣好后，再把深色线一丝丝地加上去，才能把毛丝分清。通过研究虚针法，利用部分底子的浅色作为绣底，把深色线用虚针施毛的方法，施出毛丝再上深色，使深浅对比强烈，突显毛的柔软和顺。只有掌握了这个原理，创新利用浅色的底子，绣出深色的毛丝，才能感受到猫毛的真实性，起到了事半功倍的效果。

1965年，李娥英首次试用尼龙绡（当时称薄尼纺，现称锦纶绸）作底料绣制双面绣《蘑菇云》。这种材料用于双面绣的效果非常好，但无奈于尼龙绡又薄又稀的属性，很难插针。经李娥英反复琢磨，最终想出了另加一层纱绢的办法，就是使两层底料一起绣，绣成后再剪去一层纱绢。这在现在看起来是很简单的事情，但在当时作为第一个"吃螃蟹"的人，也是用心在钻研经营这

份事业。鉴于尼龙绡透明的特质，可使绣品极具空间感，这幅《蘑菇云》的底料一经推出，便在业内受到重视和好评，也为尼龙绡底料的大量使用奠定了基础。

　　新材料的引入，必然会带来新问题的出现。由于尼龙绡过于轻薄，其张力特性和过往的丝缎纱绸有着明显的不同。当时作品《蘑菇云》绣好后就遇到一个难题，绣品落绷后收缩成一团，装裱师见后也一筹莫展，无从下手。经过反复琢磨，李娥英终于想到了以前做鞋底的一种裱糊方法——在绣品没有落绷前，按玻璃形状先订上一圈裱糊布，在不落绷的情况下，把玻璃合上，再将裱糊布粘贴在玻璃上，待干后绣品与玻璃已成一体时，留出裱糊尺寸把绣品从绷上剪下，合上另一面玻璃，并把留余的底料翻糊在玻璃上，干后二夹一成品整体入框，沿内框把外露出来的裱糊布从玻璃上除去即可。这一简单却行之有效的绷上装裱法，很快在全国刺绣界得到推广，如今这一装裱法已成为绡类绣品的必选。

　　尼龙绡虽有着轻薄透明的特性，却又有着留针难、易老化的缺点。当时，绣一些重质感的作品需先用双层绡复叠后方可下针，待绣完后，再把空余的另一层挖掉。为了改变这一状况，李娥英走访了多家丝织厂及织物研究单位，探讨生产适合刺绣用透明底料的可能，在上级领导通力协调及周围朋友的鼎力支持和帮助下，经过协作单位反复试验，终于研制出了高强度的真丝绡，既有尼龙绡的轻薄透明，又具有真丝所特有的柔和光泽及天然属性，进一步提高了双面绣的品位和档次。

　　1969年，李娥英挖掘了失传的包梗线绣法，此后采用丝线与电化铝线绲在一起绣制绣品，大胆使用新材料和新工艺进行了一系列的创新尝试。

　　1972年1月，徐志慧、夏水金、李娥英、蒯英、王宝珍等人，尝试使用单层尼龙绡底料作为一幅油画《金鱼》的绣底，大获成功。自此，业内开始大量使用单层尼龙绡作为金鱼、小猫、花鸟等双面绣的底料。单层尼龙绡底料的运用，大大增强了绣品的艺术效果，使苏绣艺术品又迈出了新的一步。

　　1980年4月，李娥英在指导牟志红、吴玉英创作双面三异绣《鹦鹉仕女》时，遇到了更大的挑战，底稿中有大片凌空剔透、轻盈飘逸的网状帐帘，其上部弯弯悬垂，下端自然褶收，具有很强的立体感。要突显帐帘的质感，采用网绣来表现最为贴切。然而，剔透的帐帘绣在透底上，会使网绣的针迹无处可藏，复杂多变的双面运针轨迹既不能缺针也不能重叠，而帐帘弯弯悬垂、自然褶收的立体感又必须依靠二维平滑渐变的网格来实现，这些都将网绣的难度推向了极致。经一个多月的挑战，这些难题不仅被她一一攻克，而且还将帐帘绣成了两面异色，再一次实现了网绣运针技巧的自我超越。

　　拈绒，亦作扰绒，作为一种古老的针法，运用场景较少，不属于常用针法。由于它是由经纬拈出不同的花纹，适合表现有规律的连续性图案纹样，而《鹦鹉仕女》中仕女穿的锦衣护领正是用了图案纹样装饰性很强的织锦缎，用拈绒针法来表现尤为合适。为了表现织锦缎的柔软贴身及自然弯曲的立体质感，李娥英创造性地把拈绒针法进行了变异处理，将原来横平竖直的图案变成了弯曲自然、远近渐变的纹样，从而使其看上去更逼真也更符合透视效果。

这些看似不经意的细节，却隐藏着她非凡的运针技巧和娴熟的针法运用。《鹦鹉仕女》在李娥英的倾力打造下，成为双面三异绣中不可多得的极品之作，并先后参加了 1981 年举办的全国抽纱展览会以及 1982 年在澳大利亚举办的江苏省工艺品展览会等。

　　同样是在 1980 年，李娥英主持汇编《戳纱针法研究》。她翻阅了大量古代绣品、窗花、丝绸图案资料，结合数十年刺绣实践经验，设计了戳纱针法图案 100 幅，然后按照单色直丝理和单色直、横、斜丝理以及彩色直丝理三种绣法绣成不同效果的图案，将光学、色彩学的原理运用到刺绣的实践之中，最终于 1982 年 2 月完成。经苏州市科委鉴定，《戳纱针法研究》被评为 1981 年苏州市科技成果二等奖。同时，李娥英还在 1981 年设计创绣了第一幅戳纱刺绣作品《樱花蝴蝶》，此作后在《人民日报》海外版发表。

双面三异绣《鹦鹉仕女》
（李娥英指导绣制，苏州博物馆藏）

双面三异绣《鹦鹉仕女》局部（帐帘、护领）

戳纱《樱花蝴蝶》（李娥英绣，苏州博物馆藏）

（四）研究复制古代服饰

1. 复制定陵出土刺绣百子衣

1979 年 1 月，北京十三陵管理处委托苏州刺绣研究所复制定陵出土的刺绣百子衣。该衣发现于明万历帝孝靖皇后棺内。苏州刺绣研究所委派李娥英、吴玉英赴北京分析原作，接受了复制任务。同年 10 月，派设计室段丽英赴北京绘制百子衣图样。该衣身长 71、袖通宽 182厘米，以龙纹和百子嬉戏图案为主体，朱红色线穿丝针绣满地。11 月，派刺绣老艺人王招媛赴北京试制百子衣小样。1981 年 4 月，第一件百子衣正式开始复制，由李娥英指导，王招媛、柴全云、华文娟、张素珍、莫根金、叶宝金、洪芝范、王菊宝 8 位同志绣制，至 9 月 27 日完工，前后总共历时 800 个工作日。

百子衣的纹样以升龙、行龙左右盘绕于百子嬉戏之间为主体，100 个童子组成 40 余组游戏场景。百子周围饰有八宝图案与"一年景"纹样，构图饱满、瑰丽豪华。李娥英以其专业的眼光、严谨仔细的工作态度分析得出，百子衣绣线为衣线、花线、孔雀羽线、金线、包梗线五种，底料是真丝方目纱，运用的针法有穿丝针、抢针、网绣、铺针、平金、斜缠、盘金、松针、打籽、扎针、擞和针共 11 种，而方目纱、圆金线、孔雀羽线、包梗线均需特制、定制和自制。

北京定陵出土刺绣百子衣残片

复制前，李娥英先将每个部位上的图案，如八宝、金锭、江崖、海水等，分别进行记录。为了辨认和区别100个童子的针法、色彩，又将每个童子都一一进行了编号记录。如1号童子，针法记录为"上衣，网绣（花纹为六角形）；肚兜（同上）；裤，正抢针；其他衣袖、裤边都是斜缠针"，确保复制时每个童子与四周饰物的刺绣针法都基本上与原件相一致。

复制百子衣最大的困难是对色。由于原件已破损，色彩除金线、孔雀羽线及红、蓝色略残存外，其余均呈深、浅茶褐色。所以，鉴别颜色是一个大问题。最后，李娥英只能参照明代色表，再根据其他明代绣衣的颜色进行对比搭配。经文物专家最后认定，姝红、三蓝、金色三种为主色系，再衍生出20余种搭配子分色，色彩复原问题才得以解决。

此件复制百子衣后被国家科学技术委员会收购，参加了中国古代科技展览会，并先后赴加拿大、英国等地展出。1984年，北京十三陵特区办事处聘请定陵发掘者、时任首都博物馆副馆长的赵其昌和原中国社会科学院考古研究所助理研究员王岩及其他相关技术人员，对这件复制的百子衣进行了技术鉴定，鉴定结果如下：

一，制作百子衣所需一绞一方孔纱、圆金线、孔雀羽线、包梗线等原材料的加工都符合复制要求。

二，所用各种彩色丝、绒，都依明代织物标本调染，百子衣（复制品）的整体色彩效果具有明代配色特点。

三，百子图的临摹和刺绣制作所用针法与原物相符，百子衣具有与原物基本一致的外观效果。

四，百子衣各部位，如领、袖、衣襟、折缝等处的尺寸亦与原物相吻合。

五，对出土文物中的丝织品进行复制是一件非常有意义的工作，复制的百子衣再现了传统刺绣工艺的本来面目。复制工作是对我国文物事业的一大贡献。

六，建议将复制单位名称及承担复制任务的人员姓氏、复制年月等项，绣成一幅，制作成衣时缝制在百子衣内，作为资料保存。

对于鉴定报告的第六条建议，苏州刺绣研究所再次启动了这项复制工作，修复完成的百子衣得以保存在苏州博物馆。

原中国社会科学院历史研究所研究员沈从文先生，曾对苏州刺绣研究所复制的这件北京定陵明万历帝孝靖皇后百子衣有极高的评价。他认为，无论从款式、工艺、色彩、纹样上，复制品均与原文物效果相符，十分壮观富丽，此项成果填补了我国刺绣工艺恢复古代珍贵文物原貌的空白，意义十分重大。

在这次百子衣正式开始复制前，李娥英做了大量准备工作。1979年5月，苏州刺绣研究所又派李娥英、孙佩兰赴浙江省博物馆调查研究1973年浙江瑞安慧光塔出土的北宋早期三块双面绣经袱的状况（目前所见最早的双面绣绣品）。这三块经袱，绣工平整、细腻，

正反面均无线头、线结、跳针等，为李娥英传承双面绣针法开拓了眼界。1980 年 1 月，李娥英、孙佩兰又赴福建省博物馆调研 1975 年福建福州市郊浮仓山南宋黄昇墓中出土的刺绣品，共 13 件，包括刺绣衣边 10 件、刺绣寿带 2 件、刺绣荷包 1 件。这些刺绣品所用针法11 种，绣制技巧成熟，排针平齐，为宋代刺绣中的上品。李娥英抓住每一次的复制学习机会，对古代绣品的图案、针法、底料均进行了详细的记录，而百子衣的成功复制，为苏州刺绣研究所拓展文物复制业务首开先河。

北京定陵出土刺绣百子衣复制品正面
（李娥英指导绣制）

北京定陵出土刺绣百子衣复制品正面局部
（李娥英指导绣制）

北京定陵出土刺绣百子衣复制品背面
（李娥英指导绣制）

北京定陵出土刺绣百子衣复制品背面局部
（李娥英指导绣制）

2. 复制故宫博物院藏清代乾隆朝服

1986 年 7 月 7 日开始，李娥英指导复制并亲自参与绣制了两件故宫博物院藏清代乾隆朝服。她此前在出土古代日用绣品及传世古代刺绣服饰的复制和仿制方面，已经积累了大量经验，并对我国古代刺绣的针法和技艺进行了比较系统的研究和总结。通过苏州市档案馆惠存的李娥英日记等资料，我们可一窥大师在复制中研究刺绣传统技艺之成果。

乾隆朝服为明黄色缎（或称库缎），石青色马蹄袖及批领（又名端），朝服上的十二章纹都用五彩绣并加盘金，五色祥云之间绣着 43 条大小不等的金龙，布满全身，并填有八宝、平水、倒垂云、升云等花纹。

朝服分上衣、下裳（裙），上衣与马蹄袖相连。整件朝服四周镶滚黑色金花缎边，距边约 0.7 厘米处，四周再以深浅不同的金银线盘绣，共 12 根金、银线并列，整体效果色彩缤纷、和谐统一、金光灿烂，华丽庄重，是皇帝在举行隆重大典时所穿的礼服。

复制乾隆朝服不但要有扎实的刺绣功底，还要有娴熟高超的裁剪缝纫技术。作为皇帝的典服，不同于平民百姓的服装，其款式、做工极其复杂精细，只有精准地分解出服装的每一个部分，并勾绘出正确的裁剪图纸，才能将刺绣图案一一标上。作为曾是服装师的李娥英，经多次测量易稿才最终完成。刺绣、制衣技能兼备，是李娥英能成功复制此件朝服的关键。

李娥英把全部刺绣图案系统地提炼归纳为七大类，即龙纹（龙头、龙毛、龙身、龙鳍、龙角、龙鼻、龙口、龙肚、龙眼、龙爪、龙牙、龙脚毛）、平水、行云、立水、水浪花、十二章纹（日、月、星辰、山、龙、华虫、藻、火、粉米、黼、黻、宗彝）及其他（龙珠、珊瑚、海珠、如意、方胜、犀角），并将朝服的五彩（红、绿、灰、香、蓝）各阶线色一一比对封样，特殊的金银线、包梗线、蛇腹线也记录在案。为了保持复制品与原件的一致性，她又对每一类图案的针法、绣法、色彩、用线进行逐一分析标注。李娥英在日记里记述："清代乾隆朝服原物为故宫博物院珍藏品，陈列在故宫博物院典藏馆。据陈列说明介绍，朝服为'丙辰（乾隆元年，1736 年）至乙卯（乾隆六十年，1795 年）'的实物。"通过这次复制，李娥英以专业的高度，就朝服刺绣技艺的八个方面做出了具体总结。

一是朝服的绣法和作用。

朝服中具体的刺绣方法主要包括四种：全以水路作分界；用金银线和赭色包梗线勾轮廓，以保住整体而圆顺的形体轮廓；行云以深浅二色线来绣，外浅内深，两面出边后用色彩稀释的方法加中间色过桥式绣在上面，起到深浅色的调和作用（这种绣法能使深色上面有浅色，浅色上面也有深色）；嵌金丝，如龙发（毛）和水，全以单金线丝丝镶嵌在绣好的水纹中间（有一道绣嵌一道金线），这样一金一绣相夹的绣法，从色彩上讲，金起到调和作用，彩色的蓝、绿与金三色则相映之下更为华丽，从光泽上来说，由于金色的动感能产生明暗，形成了迎光光变的艺术特效。

二是朝服合理采用针法达到的效果。

朝服上的刺绣合理运用了各种针法，包括齐针、缠针、滚针、平套、盘金、抢针、集套、

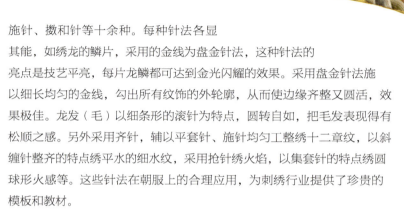

施针、撇和针等十余种。每种针法各显
其能，如绣龙的鳞片，采用的金线为盘金针法，这种针法的
亮点是技艺平亮，每片龙鳞都可达到金光闪耀的效果。采用盘金针法施
以细长均匀的金线，勾出所有纹饰的外轮廓，从而使边缘齐整又圆活，效
果极佳。龙发（毛）以细条形的滚针为特点，圆转自如，把毛发表现得有
松顺之感。另外采用齐针，辅以平套针、施针均匀工整绣十二章纹，以斜
缠针整齐的特点绣平水的细水纹，采用抢针绣火焰，以集套针的特点绣圆
球形火感等。这些针法在朝服上的合理应用，为刺绣行业提供了珍贵的
模板和教材。

三是朝服的五彩用色搭配。

刺绣的色彩有着更为重要的艺术效果，它是人们欣赏作品产生的
第一印象。如果用色太明亮，会使人感到刺眼；如果用色过分调和，
则又会觉得缺少活力。因此，用色和色彩搭配非常重要，特别是在
衣服的配色上，需要更加讲究。

朝服虽说用色不多，以红、绿、灰、香、蓝五种套色，称
为"五彩"，但通过这五种套色作深浅搭配，亦会呈现出
丰富的色彩效果。在具体使用时，以蓝、绿二色为主色，灰、
红为副，香色更为次之。但在这五色里，由浅入深的
色阶距离较远，五色色阶深浅也各不相同，如绿、
蓝二色的深浅色阶为六阶，红、灰、香三色的深
浅为四个色阶，且在绣制使用时又各有差异。如，
海浪花采用蓝与绿二色间隔，只采取这六阶中
的浅三阶；平水虽然也用绿、蓝二套色间隔，
但深浅六阶各色全用。又如，龙发也是蓝、
绿间隔，但只取六阶中的一、三、五色阶。
像行云取一、二、四色阶，绿云是取二、三、
五色阶，灰云则是依次取一、二、三色阶，

清代乾隆朝服复制品正面
（李娥英指导绣制）

清代乾隆朝服复制品正面局部（李娥英指导绣制）

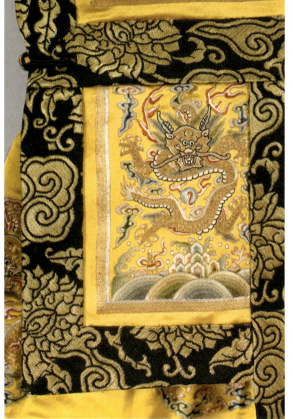

清代乾隆朝服复制品背面
（李娥英指导绣制）

而立水虽然也是五色，但中间色阶均为重叠绣二色阶。

李娥英以上述五种色彩绣全衣，通过分门别类的系统安排，反复设计，最终达到朝服层次分明的整体色彩效果。

四是朝服运用丝理所起到的作用。

所谓丝理，就是指刺绣丝线进行的方向。丝线的反光很强，因为同一种色线以两种横直的角度在同一光照下就能产生相差四阶的深浅。鉴于此来改变绣线的方向，角度也要逐步变换，使光照角度和视觉角度在转移中产生出迂回明暗，起到移步变光的生动感。因此，合理安排利用丝的反光是刺绣技艺的重要个性特征，也是一般画作不能表现的特质。李娥英在复制这件朝服时，合理分类运用丝理，如行云、浪花均采用统一的横丝理，立水、寿山则全直丝理，龙腹、火焰均按照其斜丝理，火珠为放射形丝理。这样的处理方法，突出了运用丝理的作用和效果，又显得整齐划一。

五是朝服花格分布及十二章具体部位。

朝服纹饰，花格前后身对称，均为云、龙、八宝平水，十二章分布全衣上下。

上衣，花格分上、下两节。上节长四开形，海棠式前后身贯通横向过肩。前、后、左、右四方位各绣一条金龙，金龙端坐在行云之中、立水八宝平水之上，中间相嵌十二章中的八章，即前为黻、黼，背为龙、华虫，领口正中为星辰，左肩日，右肩月，领口后为山。上衣下摆有高 10 厘米横向的二龙戏珠、云水等花纹边式，衣里小襟是以行云代龙。

下裙，花格亦分上、下两部。上部有前后各九团龙，每团直径 20 厘米，排列均匀。下部为高 20、横向通长 148 厘米的云龙花纹，中间正中坐一龙，两侧对称行龙各一，花格上端有升云倒向作界，下端以立水、八宝平水等为限，其间相嵌十二章中的四章，即前裙为宗彝、水藻，后裙为火焰、粉米。裙里小襟纹样与前裙相同，有团龙四个。

云肩花纹为二龙戏珠、行云等，马蹄袖有一行龙及平水花纹。

六是朝服每一部分纹饰的具体绣法。

龙　按先头后尾、色彩外浅内深、步齐先绣后盘的顺序进行。龙毛做滚针，每绣一道，空一道水路，水路中间用单金线镶嵌，每束毛边口勾双金，色彩排列，从头顶中间开始绿、蓝二色间隔，毛的稀密按大束计算，绣对合 12 道滚针。龙鳍用浅绿偏灰，深浅三色，以平套针将浅色出边来深套丝理，顺势上向后斜进行。龙身鳞片用盘金针法，以金线分片进行，每片从根部起顺势盘旋向边口进行，然后用稍细一号双金线在已盘好的鳞片上勾出鳞片轮廓。龙头则用平金绣，先用 4 道 8 根银线，从头边缘开始，另一面从眉额边缘开始，但银线改为 2 道 4 根，后全用金线顺序向内进行。龙角用色与鳍一样外浅内深，对合丝理，以套针绣，角中牙骨浅色斜缠针绣。龙身、鼻子采用红色外浅内深套针，但红色中除深色丝理，正中为直两侧各向正中略合。龙口用浅绿色出边深套，直丝理。龙角火采用浅红渐变白色、大红二色，绣法上使用抢针，色外红出边浅红抢，丝理顺势向前下。龙肚使用浅红深浅二色，浅出边深套，丝理顺势向后下斜顺，分片，以水路进行。龙眼先用黑色直丝理绣，但针迹要密。眼白用滚

清代乾隆朝服复制品背面局部
（李娥英指导绣制）

针沿眼里盘旋而入。龙爪牙用浅灰白色，以擞和针，丝理集头。龙脚毛的用色、绣法同头毛，但每束排列均为绿色在面上，蓝色在下。以上龙身的各部绣好后，除龙毛之外均以深赭色单梗包梗线盘出轮廓。

平水　用色蓝、绿间隔，每片的绣法和具体用色外浅内深，外缘用接针及擞和针，接着用同色滚针绣，稀绣2道。第二色绣5道滚针，每绣一道滚针，则空一道水路善后；每道水路相嵌一道单金线。依次第三色滚针4道，第四色滚针绣5道，直至绣到第五色。

行云　先用一绒白色线绣云的中心点，即白笃头，再用浅红齐针沿云外缘四周绣一圈，意为出边，出边与笃头针迹相衔接。接着，用深红色线绣完，针迹同出边相衔接，善后用中间红色丝线，以施针方法加绣在深浅二色上，同理绣云尾（云足）。倒向升云用色、绣法与行云相同，但有两点不同，即轮廓勾出双金；用色按红、绿、灰、香、蓝顺序，均为直丝理绣。

立水　采用平套，用色为深浅全套色，全直丝理，先绣白笃头，以浅色出边，于中、深五色套，边口轮廓勾双金。

水浪花　均以横丝理用擞和针取浅三色绣，先绣白笃头，接着从浪头凹处浅色出边，后接中间色，及稍深的一色绣到浪的背面；继而用单金线勾浪花形态，用蓝、绿间隔勾双金线轮廓。

十二章纹　依次为日、月、星辰、山、龙、华虫、宗彝、藻、火、粉米、黼、黻。所有章纹均有取义——日、月、星辰取其照临，山取稳重，龙取其应变，华虫取其文丽，宗彝取其供奉，藻取其洁净，火取其光明，粉米取其滋养，黼表果断，黻则为明辨。日，用直丝理擞和针，施以大红色，中间有三足公鸡，五彩绣勾马蹄金，边缘勾双金。月，用浅黄色直丝理，擞和针绣中间白兔、绿树、灰地；勾马蹄金轮廓，月四边勾双金。星辰，用三盘金。山，用平套针绣，

清代乾隆朝服复制品云肩
（李娥英指导绣制）

施以深浅中蓝三色，直丝理，深出边浅套，勾出双金轮廓。龙，是一蓝一绿两条，中间色按针顺势辅身，刻浅色麟。华虫，则以五色散套针绣，赭灰色翅、浅红勾、黄色颈、深绿背、浅绿口。宗彝，一只浅灰绿浅黄虎，另一只三蓝深中黄虎，丝理全直散套针，杯口以灰白色横丝理撷和针，虎按其姿态顺势散套针绣，压褐色斑纹，勾马蹄金轮廓，以双金勾杯外缘。藻，用中绿色斜绕针绣轮廓及梗，勾出单金。火，用正红色顺势斜缠绕针绣，勾单金轮廓。粉米，用白色横绣，正红撷和针，横绣外圆二道边口为一中红、一正红顺斜势，绕针绣，轮廓勾马蹄金，外缘勾双金。黼，用平套针绣，配以浅蓝、中蓝和深蓝三色，深出边浅套，丝理半为对合，勾双金。黻，用平套针，施以蓝色，由口为浅入深套向根部，直丝理，勾双金边缘。

　　其他　龙珠，用套针以蓝浅三色由外入里，外缘轮廓勾双金。寿山（江崖），按直丝理套针绣，外浅内深，以五彩套色绣，外缘勾双金。珊瑚，按其姿态直丝理进行，以正红、二红、浅红三色，撷和针绣，外笃头为正红，先绣一段头，随接以二红绣皮，后用浅红绣毕。海珠，五彩，每个一种颜色，直丝理平套针绣，先用白线绣土圆形顶，善后沿椭圆形先以浅色月牙

形式出边，逐步入深，绣完后在白色顶上用正红色以滚针加上道弧形顶纹，并在边缘处勾出双金线，边缘则绣的是火焰。另外，如意、方胜、犀角均以金银色线绣成。

七是朝服上绷方法。

上绷复制是刺绣开始的第一步，尤其是绣朝服的绷子，因其按照朝服式样及尺寸的花格需要画好后上绷绣，若因绷子松紧出现长短或宽松不等，就难以合拢成衣。

此件朝服是前后襟背缝拼合后画好花格然后上绷，在有拼缝的中间处，则会出现双层底料，加之在绷轴上再卷一轴，就会产生高低不平的情况。每卷一轴增加一倍厚度，一件衣服就要卷上十几轴，这样就无法把绷上挺。一方面绷子不紧则不能进行刺绣，另一方面把绣底绷紧必定会增加张力，进而会使绣底在拼缝中间产生凸起而发泡，非但不能刺绣，还会引起朝服形状的变化。李娥英针对这一问题，与团队研究后决定采用填高法来解决，即用与绣底同厚的缎和绸，整齐地填在拼缝的两边，但在此同时却出现绷轴孔过大的情况，只要绷子移动就会影响绣品质量，这时需要在绷子两边用绷线拉直，绷线的缝法为线的密度距离约每针5厘米，缝线要来回2～3道，每针迹要开，以减轻拉线的用力点，使横向绣面平服而不皱。

八是朝服复制拼大襟的方法。

大绷上衣身，小绷上大袄，把这两个绷子上的刺绣除需要拼合的部位外全部绣好。拼袄时，首先把袄绷从原来正卷成翻过来卷，到绷面露出全部大袄长度，下面见绷布上部袄领口约5厘米处缝上与绣底同宽（长50厘米）的薄绸。另外，把大绷绣底放出衣，下部也放到能见绷布，上段放到能放进一只

清代乾隆朝服复制品云肩局部（李娥英指导绣制）

拼袄小绷子，再把大绷上已经绣好的小袄同左身袄需要拼的缝拆开，就是从绷布起到领上。这样就可把大袄的绷合在左袄上面。

接下来，把上下花格对正后用粗线固定，以至于不使其松动。再用较细的约 3 厘米 10 针长短的针迹，回针做拼缝，然后从对合的大袄绷翻回来成大袄形状，接着把大小袄下段袖也缝合，把原小袄绷布从原来绷子上拆开，随即用细长棍把已绣好的小袄紧卷在棍上可把大袄绷拆下来，把大绷平放退开，把长 50 厘米的绸子卷在中间，使大襟绷挺，再从横向用绷布拉紧，这样拼襟过程结束后，再把原来花纹接起刺绣完。

此件朝服绣制过程，拼大襟是其中的一大难，因为这件朝服是以前后身通长两袖料子拼合后，再添加大袄在小袄上面。衣服拼成大襟，同时左半身相合形成前胸，而前胸是衣服上刺绣的主要部分，原衣前胸刺绣又是拼好缝后再绣于其上，主要难度是大小二袄重叠在一个位置上，小袄也有刺绣，刺绣如何进行，确实是首先需要解决好的。经过反复研究及根据实际情况调整，最终采用大襟分绷刺绣拼合后再绣的"绷上拼合"法，才使绣品不皱、花格正确。

李娥英在复制过程中，因有关绣法和总体合成时细部资料的欠缺，曾先后两次赴故宫博物院揣摩研究，对使用金线的粗细、绣法、用色深浅比例等进行一一核对。复制工作从 1986 年 7 月开始，到当年 10 月 3 日全部完成，共用时 1445 工，52 人参与，用花线 8 两 8 钱，用金线大、中、细共 50 余扎。

乾隆朝服从具体纹饰的绣制再到整衣的合成，各道工序都反映出传统技艺的智慧，成为刺绣艺术表现在服饰上的一种思想和文化。无论在造型款式、色彩搭配、针法运用还是绣法处理等各个方面，都可以感受到古代艺人的聪颖和创造力。从档案资料和李娥英数十页的复制总结中可以看出，李娥英在这件乾隆朝服的复制过程中对古代刺绣的认识和体会都得到了进一步的升华，在了解和分析研究中，她领悟到了什么才称得上传统的技艺。比如，以往一向流传着刺绣用线方向"横云直石"的说法，通过此次复制，李娥英见识到在古代实物中的出处，云是横行的，石是竖立的，符合自然界章法，同时也解开了她长期以来的困惑，在复制过程中经过分析这些纹理的组织，鲜活地触摸到了传统刺绣技艺内在的种种规律。李娥英经过此次复制，不断探索，深刻地掌握了原物与复制品两者的异同。

3. 复制雍正皇后朝褂、咸丰皇后朝袍

1987 年 12 月，李娥英又接到了负责监制、合成雍正皇后朝褂、咸丰皇后朝袍复制品的任务，要求复制品在服式尺寸、花格分布、色彩深浅比例及针法运用的每一个细节均要与原件完全相同。复制作品相较创作一件新的作品而言，有着更大的局限性。如，原件中的四边盘金有三道银、四道中金、五道赤金，共 12 道 24 根不同金银线等；服饰上的深金在外，银则在里；而在用色方面也是使用五彩，其中各部位针法、色彩与用色也有一定关联。倘若比例不同，离开原件来复制，则会失之毫厘谬以千里。

雍正皇后朝褂，圆领对开直襟长开龙，五档金纽子，石青地绣彩云金龙，大红"寿"字，装花缎夹里，四周均滚玄色片金团龙杂八宝妆花假边。主体纹饰分三层，上层是五行彩云，中

雍正皇后朝褂、咸丰皇后朝袍复制品正面
（李娥英指导绣制）

雍正皇后朝褂、咸丰皇后朝袍复制品背面
（李娥英指导绣制）

层为金色升龙，下层黄绿二色八宝平水镶嵌，两侧江崖浪花。其下为五彩如意立云裙底，用色为五彩，有顺序规则排列搭配。深浅三级，外浅内深，云柱黄绿二色，行云黄绿为主，少量使用香灰搭配，红云封顶云。值得一提的是，此件朝褂复制过程中，在绣制龙角、龙须和龙爪时使用了明清时期刺绣较为常见的射复线。

咸丰皇后朝袍，黄缎绣彩云金龙，在刺绣针法使用、色彩分布、缎地等方面均与原物相同。针法上有盘金、接针、滚针、齐针等。朝袍前绣升龙一大两小，全真金线盘绣，平水间有海珠、金锭、珊瑚、犀角等八宝及如意云等。下摆两侧有江崖浪花，显得气势非凡。

有了乾隆朝服的复制经验，李娥英精准地安排人员进行皇后朝褂、朝袍的复制工作。从画服饰尺寸、试样，到花纹安排、上绷，李娥英样样亲自指导，再到缝制成衣配色时，在用色比例上，每天指导安排绣制的色线，检查已完成部分的正确性。同时，将每天绷位的记录进行汇总，查出当天共完成多少工时、每一部分用了多少工时，以便及时跟进，调整绷位。这为今后古代服饰的复制工作提供了重要的科学参考。

雍正皇后朝褂、咸丰皇后朝袍的复制工作最终于 1989 年 2 月完成，分别用 630 工和 785 工。复原绣品效果上，亮丽中不失柔和，色彩鲜艳和谐如初，丝光明暗变动自然，针迹细密光亮，色彩柔和浑厚。

而正是在这次复制工作中，李娥英对朝服纹样有了更深的认识。她在日记中写到："清初的云龙纹饰还保持着明末的特征，如龙发自后向前向上成束状，云纹多四合云、如意云……在清顺治、乾隆、嘉庆时，织绣工艺水平均较高，自道光以后开始下滑，这与当时的政治经济的逐步衰退不无关系。"

雍正皇后朝褂复制品局部
（李娥英指导绣制）

咸丰皇后朝袍复制品正面
（李娥英指导绣制）

咸丰皇后朝袍复制品背面
（李娥英指导绣制）

咸丰皇后朝袍复制品局部
（李娥英指导绣制）

三　艺术探索

　　李娥英编写的《苏绣针法汇编》，是苏绣从简到繁的刺绣和文字说明的实物示范资料，也是从技法到艺术处理的教科资料，主要分为针法和绣法两个部分，系统总结了古代优秀传统刺绣针法和表现方法，特别是以新中国成立以来改进针法和艺术处理方法为重点，内容是从每种针法的基本组织过程开始，到各种针法的应用，涉及不同花卉、鸟虫、动物等，再到绣法的表现以及有关针法的图案变化和各种动物、鸟类不同姿态的绣法，在这些绣法中又包括用针（针法的排针虚实）、用线（纹理及线条粗细）、用色（深浅像色及远近转色）等。同时，李娥英针对沈寿所著《雪宦绣谱》中所称的"单套针"（现称擞和针）、"双套针"（现称散套针）、"肉入针"（现称施针）、"散针"（现称虚实针）、"柲针"（现称滚针）、"刺针"（现称切针）、"旋针"（转丝理）等多种针法重新进行了编排总结。

（一）苏绣的特点及相关术语

　　苏绣的特点可概括为以下几点。

　　　　细：劈线细，一般是一根线劈八分之一或六分之一，最细部作十二分之一。

　　　　齐：很多针法的基本要求，每一针沿边排列为刀切一样。

　　　　平：起落针线轻重一致，每一针拉线轻重一致，如果不这样做，形成的绣品就会松紧不匀，容易出现松泡的现象。

　　　　匀：线条精细均匀，疏密要一致。

　　　　顺：丝理转侧，有秩序，顺着方向进行。

　　　　和：颜色调和，主要是苏绣线色丰富。

　　　　密：线条与线条之间排列紧密。

　　　　光：结合匀顺和劈线的技法，使线条本身光亮。

　　而要了解刺绣的具体针法和绣法，就要对相关的术语有所了解。

　　　　绣地：又称"底子""地子"，即上了绷的刺绣料子。有绸、缎、纱、布等。

　　　　花样：刺绣稿上的图案称为花样，勾在绷上称为墨样或纹样。

　　　　劈线：将一根线分成若干份。

　　　　一线：一根花线的二分之一。

　　　　一丝：一根花线的十二分之一。

　　　　丝：绣面上每条经纬线。

　　　　起针、落针：刺绣操作过程中的两个动作，针自下而上称为起针，自上而下称为落针。

　　　　记针：代替打结的一种方法，在一根线起绣或将绣完时，绣几针极短的针脚以藏线。

　　　　上手、下手：刺绣时，一手在绷面称上手，一手在绷底称下手。

　　　　针脚：每一针绣出的线条。线条长短，又称针脚长短。

　　　　出边：凡是分皮绣制的针法，第一皮即称出边。

水路：在刺绣纹样与纹样交接或重叠处所空的一线绣地。

压瓣：在绣纹样与纹样交接或重叠处，采取不留水路层层相压的绣法。

藏针：凡绣放射形或曲折丝理之纹样，在曲折处掺入的短针称为藏针，其作用可使线条丝理转折自然，绣面平整。

起老线：用滚针按纹样轮廓线绣一圈，后将此绣没，使轮廓微微凸起，俗称老线。

皮头：在每个刺绣小单位分层绣制的层次，俗称皮头。在抢针与平套针法中层头清晰，亦称为皮头清晰。

（二）针法解析

1. 平绣

平绣的针法包括齐针、抢针、套针、参针。

齐针

刺绣基本技法之一，是各种针法的基础，线条排列均匀、齐整。绣法为起落针均在纹样的外缘，线条排列要均匀，不能重叠，亦不能露底，力求齐整。齐针按丝理不同可分直、横、斜三种，即为直缠、横缠、斜缠。花鸟、人物、山水及其他图案均以齐针为基础，因而初学者必须首先掌握齐针，锻炼刺绣技巧，绣时需注意拉线轻重一致，线绒要退松。

- -

抢针

特点是层次清晰、均匀、富有装饰性。根据绣制程序和不同的表现效果，可分正抢、反抢、迭抢三种。

正抢　用齐针分皮前后衔接而成，由外向内顺序进行。具体是从外向内，它的针脚长短根据花的大小，一般是 1～2 市分，分皮进行。第一皮出边，沿着轮廓的外形用相等长短的线条出边，但注意不要过密，第二皮接着前一皮出边线条末尾，注意抢的针

脚长刺在前一皮线条上面，不要刺在两线条中间，要丝理前后互相对直。第三、四皮同之前的绣法。用色由深渐浅、由浅入深均可，但需顺序进行。由于此针法装饰性强，适用于绣图案纹样，是刺绣日用品中经常运用的针法之一。需要注意的是后一皮针迹要刺入前一皮每根线条的末尾中间，切忌刺入两线之间；每皮的阔狭要均匀，丝理要一致，层次要清晰。

反抢　特点是除第一皮外都要扣线，由内向外顺序进行，皮头比正抢更加清晰、整齐。绣时，首先将花瓣分成阔狭相等的若干皮，然后用齐针绣第一皮，从第二皮开始要加扣线。扣线的方法是在前一皮两侧线条的末尾横一针，在后一皮边线中心点起针，把横线扣成"人"字形。从中心线绣向两侧，每皮起针须从空地绣向扣线，并将线紧扣成弧形。之后皮以此类推绣毕。

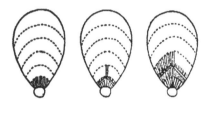

迭抢　形似正抢，层次整齐、清楚。绣时，需分皮间隔进行，绣一皮空一皮，直到绣满纹样为止。抢留空的皮头时，它的针脚要衔接前后两皮的头尾。此种绣法一般以绣果子为宜，要注意每皮阔狭要均匀，丝理要一致。

套针

分皮顺序相套而成，它在刺绣中占重要地位，是实用品中的主要针法。在相色层次方面比正抢和顺，而在皮头上也非常整齐，绣品平服，因此它是能体现刺绣技法较高的针法。根据针法组织与表现效果，可分平套、散套、集套三种。

平套 分皮顺序进行，由后皮线条嵌入前皮线条中间，丝丝相夹，还衔接着再前一皮线条的末尾，使之镶色和顺，绣面平服。绣时，第一皮用齐针出边，线条长 1～2 市分。第二皮起称"套"。套的线条比出边的线条长十分之一，是用一丝相隔相适应。第三皮的线条长短与第二皮同，每针在嵌入第二皮线条中间的同时需与第一皮末尾相衔接，以此类推绣之。此针法适用于绣被面、台毯上的花鸟、树石等。需要注意排针稀密与用线粗细要均匀，每皮丝理要一致。

散套 目前苏绣欣赏品中最常见、运用最广泛的针法之一，主要特点是线条高低参差排列，分皮进行，皮皮相叠，针针相嵌。由于线条组织形式比较灵活，因而善于表现刺绣物体的丝理转折，不受色级、层次限制。镶色浑厚和顺，绣面细腻平服，少见针迹，能够细致地表现花卉、翎毛等的生动姿态，有比较丰富的艺术表现力。绣时，第一皮出边，外缘整齐，内长短参差，参差距离约是线条本身长度的五分之一，排针要密，第二皮"套"，线条是等长的，排针是一针间隔一针的稀针，针迹高低参差，线条要罩过出边的五分之四。第三皮线条嵌入第二皮线条之间与第一皮相压，以后各皮照此类推。最后一皮外边缘要绣齐，线条排列要紧密。此针法适用于刺绣欣赏品中的花卉、翎毛等。需要注意两皮针迹之间的距离相当于同一皮的线条长短参差的距离，这样循环往复地刺绣，绣面上的针迹虽参差不齐，但仍有规律而均匀。在丝理凹凸转折时，线条宜短，每皮转折角度一或二丝，以便逐步转折，运行自如。线条粗细与排列要均匀。后一皮插针应插入前一皮两线之间，以隐伏针迹。

集套 针法组织大致与平套同，由于集套是绣圆形纹样，因而在刺绣时要注意每一针针迹都要对着圆心，在近圆心处要做藏针。绣时，以直径 1 市寸的圆形纹样为例。第一皮用齐针出边，由于绣圆形纹样的特点，外缘排针略稀，内较密。第二皮"套"，即用一丝隔一丝的稀针绣。线条约要罩过出边的五分之三。第三皮的绣法与第二皮同，但由于渐近圆心，故要绣藏针，每隔三针，藏一短针。以后各皮由于接近圆心，线条之间空隙越来越小，要重新组织排列，按第一皮"套"的方法一针排稀一针，越到中心处，藏针越多，直到绣满为止。最后一皮针迹集中于圆心。此针法适用于绣圆形纹样，如实用品图案上的太阳及欣赏品中走兽的眼睛等。

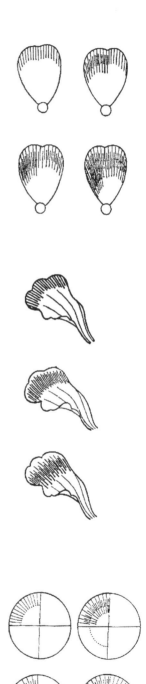

参针

包括擞和针和施针两种。

擞和针 针法组织与散套大同小异，不同的是，散套线条重叠，擞和针平铺；散套绣浑厚，擞和针平薄；散套的针迹隐伏于线条间，擞和针针迹比较显露。绣时，由内向外进行。第一皮用长短线条参差排列。第二皮用等长线条上下参差间隔，嵌入第一皮线条的空隙中。第三皮与第一皮线条末尾相接。以后各皮照此类推。由于线条铺平，不重叠，因此针迹之间差距较大，针迹显露多，但线条组织比较灵活，不受色彩层次限制，因而镶色比较和顺。此绣法可用于绣花鸟、人物、树石、书法等。

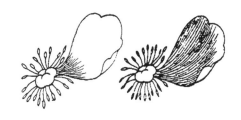

施针 目前欣赏品中绣人像、动物、飞禽的主要针法。其特点是用稀针分层逐步加密，便于镶色，丝理转折自然，线条组织灵活。绣时，第一层先用稀针打底，线条长短参差，线条之间的距离要根据需要灵活掌握，一般间隔两针。如色彩复杂，需绣多层者，可酌量排稀，便于加色，但排针的距离要相等。以后每一层均用稀针按前一层组织方法，依绣稿要求分层施密，逐步加色，至绣成为止。需要注意的是，如逐步加密是因为和色需要，则线条要均匀而嵌直，不宜同色线并列而影响色彩和顺。如表现鸟、猫的毛丝，可用深浅相近的线色交叉绣之，以表现毛丝松软自然的感觉。

2. 条纹绣

条纹绣的针法包括接针、滚针、切针、辫子股、拉锁子、平金、盘金。

接针

用短针前后衔接连续进行，后针衔接前针的末尾，连成条形。绣时，从纹样一端绣一针，线长 1～2 市分。之后用等长线条连续进行，后针要刺入前针线条末尾中间，使针针连成一线。此绣法适用于绣字、孔雀羽毛、鸳鸯头部羽毛，也可作缠针的辅助针法，帘绣也由接针组成。需要注意，凡用接针绣的线条平行时，针迹要参差。

滚针

两线紧接，连成条纹，线条转折比较灵活。无论绣直线、曲线都比较恰当。绣时，依纹样线条前起后落，针针紧压，线条长短一致，均约 1 市分。转折处可略短，以便于转折。绣好第一针后，第二针应在第一针二分之一处落针，使针迹藏在前一针之下。第三针落在第二针的二分之一处，紧接第一针线条的末尾，以此类推。此针法适用于走兽的须、眉和人物的头发、衣服的褶纹及其他细狭的图案。需要注意起落针要在纹样的线条中间，不应偏左或偏右，以免露针迹。

切针

刺绣中针脚最短、用线较粗的一种针法，绣成后针针饱满，加上线光，有如晶莹细小的珠子。针法组织成条顺序排列，线条长短一律，每粒约四分之一市分，呈鱼卵形。绣时，从纹样的一端开始，一针紧跟着一针，后一针须回入前一针原眼，每一针均呈粒状，绣时线绒要退松，用线二三绒。此针法适用于点缀反抢蝴蝶翅翼及细密的图案纹样。

辫子股

形如辫子，比较结实、均匀。以并列的等长线条针针扣套而成。绣时，第一针在纹样的根端起针，落针于起针近旁，落针时将线兜成圈形。第二针在线圈中间起针，两针之间距离约半市分，随即将第一个圈拉紧，以此类推。此针法主要应用于绣日用品，如枕套、围嘴、拖鞋等。需要注意每一针起落针方向要一致，线条宜粗不宜细，在一二绒之间。

拉锁子

整齐、均匀、形如打籽，绣品结实坚固。用粗细两种不同的线条盘圈而成，粗线是盘线，细线是钉线。绣时，先将粗线引出绣底，用上手拽住，然后引细线的针在粗线旁刺出绷面，将粗线在针尖上向外盘一圈上手卡住线圈，下手移至绷面，将针抽出，用切针钉住线圈。绣后一圈时钉线切针的针眼，须回入前一圈的原针眼，钉扣连接，以此类推。刺绣顺序可由外轮廓四周向内进行。此绣法主要用于日用品图案中的花叶。

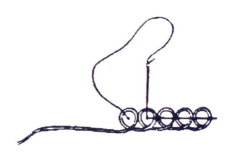

平金

用金线在绣面上盘出图案的一种针法。绣出的图案光亮、平匀齐整，具有富丽辉煌的装饰效果。用金线、丝线两种线按纹样外缘逐步向内铺扎而成，金线为铺线，丝线为钉线。绣时，先将金线绕在线轴上，露出两头，使两线拼合，同时回旋。开始绣时，先用丝线短针横扎于金线上扣紧，然后将金线线头从原针眼里拉下去，将线头藏在反面，头系好后，即按纹样轮廓，自边缘绣起，每隔半市分钉一针。行与行之间，钉线要相互间隔，铺成桂花形。第一皮绣好后，就顺序向内回旋，直到绣满纹样为止。此针法适用于绣花卉、水浪等图案。需要注意要将金线头藏好，钉线的距离要注意均匀、整齐，金线要拉紧，金线色彩可与刺绣物体色彩相适应，亦可用纯色。

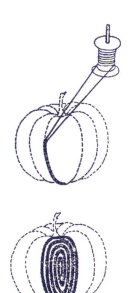

盘金

平金绣的简化，作装饰绣品，起美化与调和色彩的作用。以丝绣图案为依据，将金线回旋，加于已绣或未绣的图样边缘。绣线有双金、单金之别（两根金线夹在一起绣称双金绣，一根金线称为单金绣），通常以双金为主，因其线条方向依样盘旋，故称盘金绣。此针法经常与打籽针结合运用，适宜绣台毯、被罩等实用品或装饰性较强的欣赏品。需要注意金线头要藏好，轮廓线条是否正确。盘双金线时，如遇有交叉的图案，可将近交叉点的金线、单线向里盘旋一圈后，回出与原来的金线再合拼，按顺序进行，以减少起头、落头的手续。钉线的色彩要与刺绣的色彩相呼应。

3. 点绣

点绣的针法主要包括打籽针、结子针、拉尾子针。

打籽针

苏绣传统针法之一，用线条绕成粒状小圈，组成绣面。绣一针见一粒籽，故称为打籽绣。绣时，上手将线抽出，下手移至绷面，把线拉住，将针放在线外，把线在针上绕一圈，即在近线根上侧刺下，下手还原，将针拉下，绷面即呈现一粒籽。绣制顺序一般是由外向内沿边进行。籽与籽的排列要均匀。此绣法适用于装饰性较强的图案。

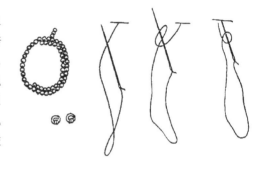

结子针

形状与打籽大同小异，都是由一粒粒个体组成，但结子实心，形似珠子，粒粒饱满。绣时，线抽出绣底后，上手将线向外朝前兜一圈，再用针穿过线圈，刺在起针的上侧落针，上手把线圈提挺，将绕圈收紧，下手把线拉下，绷面即形成一粒实心子。此种绣法以绣日用品图案为主。需要注意用线宜粗，约二绒。

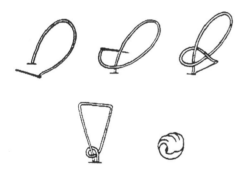

拉尾子针

拉尾子形似打籽，在粒籽的后面拖一短针，似尾巴，故称为拉尾子针。绣时，大致与打籽针同。线拉出绣底时，在针尖上绕一圈，然后线圈在针上拉紧，在离起针分许处下针，线抽下，即成拉尾子。绣法顺序是由外向内成皮地进行，后一皮的子要压住前一皮尾巴的针眼。此针法绣花卉，特别是绣栗子最适宜。需要注意线条长度可根据需要决定。

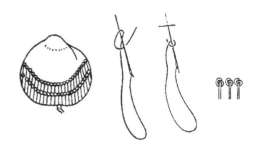

4. 编绣

编绣的针法有拟绒针、鸡毛针、编针、格锦。

拟绒针

以经纬线挑出各种不同的花纹，适合绣有规律
的连续性图案纹样。以简单的斜纹形为例，绣
时，先按照纹样的长度，用生丝或白线稀铺（距
离约一丝隔二丝）作为经线，将绒线作为纬线，
按顺序进行。第一皮，跨四丝，挑一丝，再跨四丝，
挑一丝，以后类推。第二皮，挑一丝，跨四丝，
再挑一丝，跨四丝，以后均挑一丝，跨四丝。第
三皮，跨一丝，挑一丝，跨四丝，挑一丝，跨四丝，
以后均挑一丝，跨四丝。第四皮，跨两丝，挑一
丝，跨四丝，再挑一丝，以后均跨四丝，挑一丝。
第五皮，跨三丝，挑一丝，跨四丝，再挑一丝，
以后均跨四丝，挑一丝。第六皮与第一皮绣法同，
第七皮与第二皮绣法同，如此循环往复，直到绣
满纹样为止。此绣法以绣小件的日用品为主。

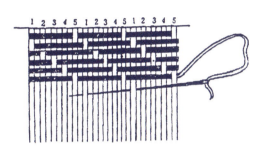

- -

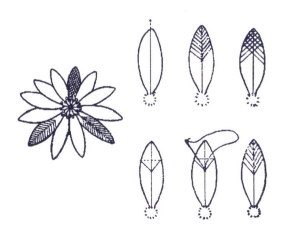

鸡毛针

形似鸡毛，由"人"字形线条排聚而成。
线条组织可分交叉形、稀针交叉形、"人"
字形三种。交叉形，首先要观察花的中心
与花瓣的丝理方向（用线或笔画定花瓣的
中心线），然后根据花瓣的长度在正中尖
头用长针脚从头至尾绣一针，把花瓣分成
左右两半，再从花瓣尖头沿着中心线绣，
左边的针脚向右绣过中心线少许，右边的
针脚向左绣过中心线少许，这样按次序适
度排列，即成交叉形。稀针交叉形，确定
中心后开始刺绣，每针间隔三、四针距离，
均匀地排列，线条从左至右、从右至左交

叉进行，都要越过中心线直到边缘。"人"字形，在确定中心线后，自花瓣尖端开始，在两面边缘横绣一针，再用点针（极短的针脚）把横线扣成"人"字形，之后均由连续排列的三角形线条组成"人"字形花瓣，绣法与第一针同，但后一针点针必须落在前一针点针的针眼，使针针紧接，排列平匀。此针法一般用于绣小的尖瓣花、建筑物的转角等。

编针

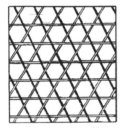

形如竹编的花纹，有三角形、六角形、菱形等。绣时，用横、直、斜线条编穿而成。以六角形为例，先把两种线条搭成一个个菱形小单位，再把另一根线在菱形两角把第一道线挑起来，压过第二道线，这样连续编穿，绣面即成无数六角形。此针法适宜绣编织物，如竹篮、竹笠、竹篷等。需要注意六角形每一小单位的面积要相等。

格锦

由经纬交叉相压而成，能表现几何形图案花纹，形似织锦。用横、直、斜的线条搭成方形、三角形、六角形等连续几何形的小单位（即基本格），然后在这基本格上运用连续顺序相压的方法与不同线色格出各种美丽的图案花纹。有两种效果不同的压法。一种在基本格边线左右进行，叫"两边压"；另一种是顺基本格边线一边进行，叫"一边压"。"一边压"是先用一针穿一色线在基本格竖线一边顺序绣一针，然后再用一针穿另一色线在基本格横线上顺序绣一针，两针互相交叉，如此循环往复直至绣满为止。在最后一皮的每一交叉点上压一短针，以免线条泡起。此绣法主要用于绣日用品图案花纹。需要注意每个基本格要均匀。

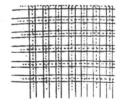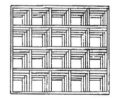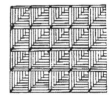

5. 网绣

网绣的针法包括网绣、冰纹针、挑花针、桂花针、松针。

网绣

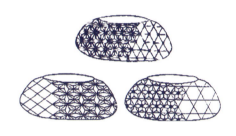

稀绣的一种，花纹清晰秀丽，图案比较灵活。用横、直、斜三种不同方向的线条搭成三角形、菱形、六角形等连续几何形小单位（基本格）之后，用相扣的方法在各小单位中搭成各种美丽的花纹。网绣的图案花纹有数十种之多，以最简单的三角形绣法为例。绣时，先用线条搭成三角形的基本格，再在每一交叉点上绣一针小针，以免长线松泡。从三角形的一角起针，然后在任意一角落针，再在三角形中心点起针，复扣套过前一针线条，落针于另一角，即在三角形中形成三角形。所有三角形都如此法构成绣面的图案花纹。此绣法多用于绣日用品图案和人物的服饰等。

冰纹针

用各种不同角度的线条顶接而呈冰裂纹的一种针法。如绣叶，绣时先用滚针把叶茎和四周轮廓绣好，然后在中间绣冰纹针。线色宜深，根端和尖端的格纹要密，中间要稀，主要根据物体茎脉稀密灵活掌握。此绣法用于绣脉纹较明显的物体，如贝叶、海棠叶、草虫的翅翼等。需要注意线条排列不能有正方形或长方形格纹，花纹大小与线的粗细根据具体要求而定。

挑花针

稀绣的一种。利用绣底、绣线的深浅对比来表现秀丽而简单的图案花纹，装饰性强。绣时，不需要先画样，只要数格、数粽进行，线条组织比较简单。在每一个方格上绣成一个交叉形花纹，把许多许多交叉形连接并列组织成各种连续花纹。此绣法适宜绣枕套、围嘴等日用品。需要注意绣底最好是选用格子布、绸料或经纬线粗细比较均匀的布料，在没有格子的绣底上要数丝进行。绣底色深，绣线宜浅；绣底色浅，绣线宜深。

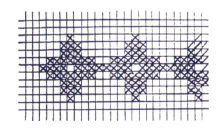

桂花针

稀绣的一种，由极短的"十"字形线条组织而成。绣时，用横、直的短线条搭成"十"字形，用很多的"十"字形交错铺满后，用浪针或金线绣外轮廓。需要注意"十"字形的线条要统一，如第一个"十"字形先绣横针，以后"十"字形都要先绣横针，并且要使"十"字对准花的中心。此绣法适用绣图案形的花、叶等。

松针

又称"三脚针"。有次序、有规律地按格或数眼进行，图案性较强。绣时，每一个方格上绣直、横、斜三针，组成上行的单位。把许多上行结合成花或叶子，针的排列要平顺，不可忽高忽低。绣好后用滚针或金线在花叶四周盘出轮廓。此针法适宜绣日用品的图案花纹。

6. 纱绣

纱绣是以纱为绣底，按格数眼进行，包括纳锦、戳纱、打点绣三种。

纳锦

一种不需要在纱底上画的纹样。绣法垂直进行，以大套小的几何图案，绣满全幅，用色以每一个几何形为单位。绣时，如绣波浪纹，首先从纹样边缘第一眼起针，跨过六个眼，在第七个眼下针，以后每针均往下移一个眼，绣到第十针后，每针均向上移一个眼，直至与第一眼相并列时，再往下移，

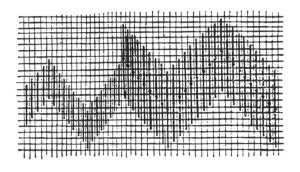

如此循环往复，即成波浪形。第二皮波浪纹绣法相同，落针要在第一皮原针眼中。以此类推，直至绣满。

戳纱

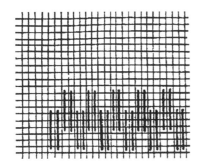

以小几何形花纹绣满纹样，四周留有纱底。用色依纹样顺序进行，内深外浅、内浅外深均可。绣时，利用纱底按格数眼进行，用长短不一样的垂直线条，有规则地参差排列成各种图案花纹。花纹变化较多，有芭斗纹、桂花纹等。以芭斗纹为例。起针于纹样边端第一眼，跨过七个眼落针，第二针与它并列。第三、第四针与第一、第二针上下参差三个眼。第五、第六针与第一、第二针同格。以后均类推。到纹样渐狭处，可按纹样需要将线条缩短，但花纹间的空眼必须对齐。戳纱的图案花纹美丽而多变化，芭斗纹只是其中最简单的一种。此针法适宜绣日用品中的被罩、床毯及欣赏品中人物的服饰等。需要注意绣线要退松，绣时纱眼要清楚，切忌躺针将纱眼塞住。

打点绣

以纱为底，按纱格经纬点斜绣，每点一针，聚集而成。绣时，先将线头藏没，起针时用针在交叉点刺下，在近交叉点的经纬线上，露出少许，绣时将它绕没，然后按经纬点斜绣，每点一针。纹样即将绣完时，应注意藏线头、藏头法即是在绣最后三四针时，线不要抽紧，待线回入几针后再抽紧，将线齐根剪断。需要注意将线头藏好，不露痕迹，起落针方向要一致。

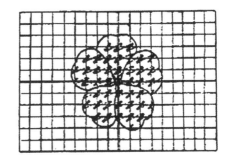

7. 辅助针法

辅助针在绣品中起辅助或点缀的作用，必须与其他针法配合运用。包括扎针、铺针、刻鳞、施毛针。

扎针

加于其他绣面之上，用许多"人"字形花纹皮皮相合而成。针法组织比较简单，主要根据动植物斑纹形状表现物体特征。如荔枝上的花纹绣法，首先要按荔枝的花纹、形状、大小横绣一针，第二针从横针中心点起针，落针时扣起横针成"人"字形。第二皮"人"字形应骑跨第一皮，与第一皮的"人"字形相合成龟形。第三、第四皮照此类推，直到绣满为止。又如绣家禽的脚，先根据斑纹的阔狭，斜绣一针，第二针用点针把斜针扣成长尖角。第二皮用同样的绣法将二只斜角形重叠，将脚趾上的斑全部扣好后，下面绣短针。此针法适用于绣荔枝上的花纹以及老鹰、鸡和其他家禽的脚。需要注意花纹的排列要整齐、均匀。

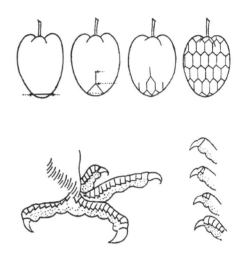

铺针

意为平铺于绣面，作为扎针与刻鳞针的底层。有两种铺法，一种是直铺（一针一针平铺绣满），另一种是依据纹样转折，用接针铺满绣底。线条组织简单，但排针宜密，使铺线方向与物体中心线一致。此绣法适宜绣带鳞纹、斑纹的动植物，如孔雀、鹤、金鱼的背部及石榴、荔枝等。需要注意线要退松。

刻鳞

形似鳞纹，宜表现鸟类背部羽毛和鱼鳞等，但必须与铺针结合运用，在铺好的绣底上加鳞纹。有鱼鳞与施毛鳞两种。绣鱼鳞时，中心线方向即为刻鳞方向，先按照鳞形的纹样阔度横一针，再用短针将横线扣成一个三角形，然后用左右对称距离相等的短扎针，扣成一个鳞形或羽形。施毛鳞的绣法与鱼鳞大致相同，不同的是扎针的线条稍长，形似施毛针，故称施毛鳞。此绣法适宜绣鱼鳞及飞禽的背部羽毛。

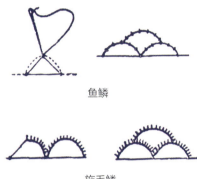

鱼鳞

施毛鳞

施毛针

装饰绣品的辅助针法之一，用稀针成排地进行。先在绣面横一线条，再由距离相等的线条排列组成。有三种排列的形式，即施毛线条齐整的（一般使用于鸟的翅膀上）、施毛线条长短间隔的（可用于蝴蝶翅膀上）、施毛线条成波浪形的（可用于蝴蝶翅膀上）。以绣蝴蝶翅翼长短相间隔的形式为例。绣时，先在蝴蝶外膀上横压一针，第二针用短针将横线扣于边缘，使扣线分为两节，然后在扣线中间顺序向上绣，线条长短间隔，一针隔一丝。绣至边缘再回到扣线中间，顺序向下绣，至边缘即成。此针法主要用于装饰鸟和蝴蝶翅膀等的绣制。

（三）绣法分类归纳

1.人物类绣法

人物绣在技艺上要求较高，亦较复杂，这主要体现在人有喜、怒、哀、乐等不同表情。绣稿上形式种类繁多，分为国画、油画、照片等，需根据不同的绣稿特点，运用不同的针法。李娥英在日记中对主要运用的散套、施针、缤纹针、打点绣等针法进行了归纳总结。人物绣有全幅垂直丝理的，有按面部肌肉丝理的，还有顺面部中心线安排刺绣丝理的。绣人像除了掌握针法与丝理外，还要掌握各部分的轮廓、光线明暗和色彩层次，因为轮廓正确与否直接影响人的表情，而光线明暗与色彩层次会影响到人的形体和整幅绣品的色调。人像绣在刺绣中是比较复杂的，但也有刺绣的共同规律。现分别介绍如下。

肖像绣

肖像绣一般以照片作为绣稿。不仅要绣得逼真，而且要有神，因而必须准确理解每一个轮廓部位的形状与光线明暗层次。在刺绣中主要掌握三个关键。一是要选用合适的针法。针法是绣好肖像的主要因素之一，选用的针法合适与否直接影响绣品效果。如绣彩色人像，用色比较复杂，不是一次绣成，而是要一次再次加色，故以用施针为宜。二是要正确使用色彩。彩色人像的色彩十分复杂，有基本色与环境反映色，所以要用很多色线绣制。仅面部就有三四十种色线。用色顺序是先按明暗层次绣出各部分的基本色，然后逐步加环境反映色。加色时，同色的线条不要并列在一起，以免影响色彩和顺。三是要正确掌握轮廓部位之间形状、大小的比例，各部分色彩成分的比例，以及各部位之间光线明暗层次的比例。只有这样才能正确掌握轮廓、色彩与光线明暗层次。绣时，首先要将绣绷上勾好的轮廓和照片进行细致核对，同时将各部分的色彩与光线明暗层次作比较，找出最明部（即高光部）、次明部与暗部，然后按光线、色彩层次有步骤地用色。具体绣制方法如下。

一般先从眼睛着手。眼睛分眼球（眼白、眼珠）、眼睑。绣时从眼球中的眼珠起绣，绣的针迹要跨过轮廓线一丝，与绣眼白的线条衔接，绣眼白的针迹也要跨过轮廓线一丝，以保证眼珠、眼白的轮廓正确，衔接处针迹要略有参差。线条宜细，排列宜匀。眼珠上的反光点要用极细的线分两批绣，第一批沿光点外缘稀稀地直绣一层，第二批用较短的线条嵌在中间，使光在视觉上有强弱的层次。眼睑分上、下睑。由于眼睑部位小、层次多、色彩复杂，各块面之间的针迹与色彩互相参差，因而需相互交错绣制。绣时，先在睑裂与双眼皮折纹处用较深的线打底，然后绣出各个小块面。各部分的线条都要互跨一丝，使每个部位轮廓正确而相互联系。之后逐步加环境色，加色的线条要略有参差，批批相嵌。色彩复杂处，加色的线宜细，以免加色后绣面不平。

眉毛，先用深色线以稀针绣出轮廓部位，然后用中间色线施出明暗层次，最后将最明部绣出，以表现眉毛的形状。

鼻子，是绣面部的重要部位，可分鼻尖、鼻翼、鼻孔三部分进行绣制。绣时，先在鼻孔及

肖像绣

鼻翼两边的暗部，用稀针铺一层底（针迹略有参差），绣出鼻子初步轮廓，然后按各部分明暗层次加色。加色时，用线的色级宜近，并要逐渐转色，针迹要上下参差，使接色无明显的块面界线。

嘴，先在嘴唇四周轮廓边缘用深色线稀绣一层，初步绣出嘴的轮廓（线条可略有参差），然后用唇的基本色绣，并逐步加环境色，最后按光线明暗绣出高光与暗部。

耳朵，层次比较多，绣法与鼻子相同。先将各层的暗部绣好，再绣出耳朵的轮廓形状，然后绣光线比较明的部分。

面部，各块面的形状不同，光线明暗层次复杂。明的部分亦有暗的小块面，暗中亦有明部。这些块面的部位、形状与肌肉的丰满、清瘦有密切关系，绣时要特别注意。绣时，先将额、颊等所有的块面分明暗层次稀铺一层打底，使各部分连成一体，然后根据绣稿要求逐步加色。要特别注意各块面之间色彩成分与明暗层次的比例。深而明显的皱纹可先用深色线，按皱纹形状打底后绣。比较细而不明显的皱纹，可在面部绣完后用施针绣出。

头发，有波浪纹的，亦有平梳的，但在绣法上基本相同。只是绣波浪纹时，在光线明暗方面要掌握一浪明一浪暗的层次。绣时，先用深浅色线稀绣一层，绣出发式轮廓，然后根据头发的色彩逐步加色。在头发与额的交接处，由于发稀而色浅，所以绣发根的线宜浅而细，中间略加肌肉色。

衣服，有毛织、丝织、棉织等不同质料，其质感、光线明暗与衣褶线条上有所区别。像呢绒的衣服，质地厚，层次比较接近，衣褶圆浑，可采用施针绣，线条宜细；绸料的衣服，色明，有柔软而轻薄的质感，可用散套针绣，同时在光线最明的部分可用施针加色，线条排列宜匀，镶色要和顺。纱的褶纹细而多转折，可用稀针绣，双层折叠处用施针加色，线要细而均匀。

各部分绣完后，将绣绷放在立架上，细致地与照片上每一部分的轮廓进行核对，将色彩层次统一加色对光，完美地表现人物形象。

乱针绣人像

乱针绣人像一般采用油画、水彩画及照片等作为绣稿。绣法与施针绣肖像大致略同，不同点有四。一是乱针是用长短不一的直斜线条错综组织进行。二是线条粗，针脚长，不受转折方向的限制。三是由于线条交叉，虽经分层加色后，色与色互相影响成混合色，但仍不失多种色线的原来色。四是轮廓不一定按前后层次顺序进行。因各部位之间的色线需互相参差，不按顺序仍能使各部位之间轮廓清晰，轮廓边缘的针迹不需齐整。绣时，面部采用统一的直斜交叉线条组织进行，先从眼睛绣起，按鼻子、面颊、耳朵、嘴等部分绣出形态。用色则先根据面部基本色采用接色的方法，将大体明暗块面绣出，线条略粗，组织宜稀。再用套色的

乱针绣人像

方法使明暗层次进一步丰富，最后着重各部分细节明暗层次与色彩处理，充分运用色彩表现人物的形态。

眼睛，部位小，线条要细，组织宜稀。先绣眼白，后绣眼珠，明暗块面交接处，界线清晰的，针迹要齐，界线模糊的，针迹可略有参差。用色是先按眼球的固有色绣，然后再一次次地加受光色与环境反映色，最后用白线（部分要略加灰色）绣出眼珠上的受光点。

鼻子，用线较细，针脚宜短。先绣鼻梁，次绣两边的鼻骨，再绣鼻翼、鼻孔。如高光部在鼻梁上，则绣好面部后再绣。鼻梁用色比整个鼻子淡一些，鼻骨部略深，鼻孔最深，在鼻翼侧面与鼻孔交接处，取中间色的细线条用短针绣。

嘴，一般是上唇深、下唇浅，先在上下嘴唇合缝处稀针绣几针，分清口缝，然后绣上下嘴唇。嘴角轮廓粗细、色彩深浅都与人像的表情有关，要根据不同情况处理。

耳朵，光由耳轮绣起，按明暗分块面用接色法打底，后顺序逐步加色，次绣耳甲腔及耳舟。甲腔色深，耳舟色浅，二者明暗色线对比强，线与线衔接处针迹要齐，使分界线清晰。耳轮、耳舟、耳垂的肌肉较厚，正侧面的明暗较近，因此在深浅线条交接处针迹要互相参差。

额、颊部，块面较大，明暗差度较近，绣时，线条宜长，衬光线条宜细，组织略稀。

皱纹，额和面部的皱纹是用前后两皮针迹与针迹相接的痕迹表现纹路，再用细线条覆盖在针迹上，使有些针迹不过分显露。老年人额上的皱纹粗而深，绣时应将纹路的部位空出，后用比肌肉略深的线，将纹路绣没。

眉毛，先用皮肤色虚实针打底，后用灰线绣眉毛，线条要细，排列宜稀，便于和色。

头发，按梳理的方向，线条要有交叉，用深浅不同的色线绣出光线明暗层次。在光线最明的部分，要重叠绣几针加光，借助色彩与光的作用表现头发松软的质感。发与额交接处，两者线条都要互相参差，发色不宜太深，显出发际。

手，先用一绒或二绒线，依据手背上筋的部位绣一层底，将筋绣出，然后用皮肤的固有色彩，分明暗块面，用接色方法绣平，以后逐次套色。如绣手背上筋纹凸出部分，可在筋纹左右略衬深色，绣筋纹的色要比手淡一些，或略加青灰色。手心上的纹路与面部皱纹的绣法相同。手指上节纹有细有粗，细纹利用两皮针迹与针迹相接的痕迹表现。粗纹有凹凸，先绣凹进部分。凹进部分绣线宜细，色不宜过深，线条要虚虚实实，使局部的色彩与整体有联系而不显得呆板。

衣服，有两种处理方法。一种是按统一线条方向进行（线条组织或直或斜均可），线条宜粗（二绒左右），交叉要乱（亦采用小乱针），以表现毛织物的质感。另一种是按衣褶不同的方向进行，线条交叉不宜过乱，取其不同方向丝线的反光，表现丝织物光滑的质感。绣衣服可根据其不同质地，采用不同的方向处理。因为乱针绣的线条方向不同也能引起光线、色彩的变化。加绣环境反映色也要根据衣服的质地而定。如绣丝织品，因受光强，可与衣服的固有色阶成一线绣，也可分批掺和绣；毛织品因质地较厚，受光弱，可待衣服绣好后再加环境反映色。

国画人物绣

国画作绣稿绣人物需要注意的是，在绣制时运用合适的针法、不同的丝理方向与鲜明的色彩来表现人物的精神面貌。人物有不同的表情，现以喜、怒两种为例。先用施针绣面部轮廓线条。绣时，拉线轻重要一致，如拉得过重，将绣底经纬线裂开，会影响轮廓线条正确，如绣眼睛上下眼睑沟、眼梢、唇角等轮廓线条细狭的部分，可先用细线稀针绣，待眼睛与肌肉部分绣好后，再按色之深浅加绣一层，轮廓线绣好后，按面部中心线的丝理，由眼、鼻子、嘴、耳朵，顺序地进行绣制。

眼睛，先绣眼白，用散套针绣，施针加色，近眼眶处施灰色，使上下两边凹进，中间有微微凸出的感觉。再绣眼珠，后绣瞳孔。眼球全部绣好后，再绣眼珠上的受光点。眼白与眼眶交接处，针迹要互相衔接。眼珠一面与眼白衔接，另一面与瞳孔衔接。各部分的针迹在衔接处都要互跨轮廓一线左右（针迹可稍有参差），使轮廓正确。人笑时，眼睑细长，绣轮廓交接处，针迹要互相参差，不必齐整。人发怒时，双目圆睁，眼白与眼珠的色界比较清晰，衔接处的针迹宜齐，上下睑的线条都要接在眼眶上。如绣双眼皮的眼睑沟，由于轮廓线细，需先横加一线（线要极细）作沟形，再绣一批排列稀的短针，以表现双眼皮的折纹。

眉毛，略有浓淡。浓处用线略深，排针宜密；淡处先绣眉肌，再绣出眉毛。

鼻子，用施针按鼻梁中心直绣。线条与鼻子的轮廓线并列。绣时，先绣鼻孔，使绣鼻尖的线条交叠在绣鼻孔的线条上，使鼻孔凹进。反之，鼻孔会凸出。

嘴，按嘴唇的轮廓用施针直绣，以深红色线及淡红色线，视块面明暗层次施色。发怒时，唇缝合闭，绣好双唇后在唇箍处略施灰色，使唇缝凹进，嘴角较平。人笑时，唇缝张开，用色宜深。

耳朵，与面部丝理同，用散套针绣。

国画人物绣

额、颊，用散套针绣，丝理按面部中心线，并与各部分丝理取得统一。近颧骨处打底的线条可略粗一些，再用施针在颊部加色。

颈，用散套针绣，丝理按面部中心线，并随颈的姿态转折。要与面部连贯，线条宜细。

头发，用施针绣，丝理按头发梳理方向，暗的部分色宜深，线条宜粗，排列要密，明的部分线要细，排针宜稀。随风飘拂的头发，用滚针、接针绣。鬓与颈交接处，用色宜浅，线条宜细，排列宜稀，并要互有参差，留出鬓际。

衣服，先绣衣褶线条，针法、绣法与面部轮廓相同，丝理随着衣服转折变化，用散套针直绣。

老年人物绣

老年人的绣法，在丝理方向上与中青年的绣法有所不同。鉴于老年人面部肌肉松弛，各部分骨骼凹凸较明显，尤其是颧骨凸出，眼睛和嘴唇肌肉凹陷，皱纹也较多，因此，宜按面部肌肉丝理用施针绣，在传统刺绣中称为肌肉针。绣制顺序与国画人物绣基本相同。

额，丝理按皱纹横的方向及额的凹凸高低曲折进行。

鼻子，丝理有两种。一种是直丝理绣，鼻根处的丝理要按眉骨方向分两边转折，中间呈"人"字形，渐与

老年人物绣

额部丝理取得统一。另一种是横丝理绣，鼻子左右两侧顺颧骨部分肌肉丝理转折。

颧骨，形态隆起，丝理顺势转折，至颊部丝理渐趋直形，与唇中、下颌部丝理取得统一。

颈部，丝理与下颌连贯，伴随颈部姿态转折，线条比面部略细，以免颈部高出面部。

以上介绍的几种人物绣法，仅是一般的表现方法。由于人的形象、表情各不相同，绣时还必须根据不同要求灵活掌握。此外，上绷、画样、翻绷等，都与人物形象、轮廓密切相关。绷要上得挺、上得紧，绣时不能有移动，翻绷时左右的部位也不能移动，画样的轮廓线条与光线明暗的块面要正确。这样才能保证绣制顺利，并达到预期的艺术效果。

2. 动物类绣法

鸟类

绣鸟不单要表现形，更是要满足从形至神的要求。鸟种类繁多，特别是表现各种不同的飞行形态和千变万化色彩的羽毛，这就要求刺绣者把这些生动活泼的形态烂熟于心，绣制过程中，用细小的针和更为细的花线，在针法的配合下，将其表现在绣底之上。当要表现绣制对象的形状和色彩时，首先要理解它、研究它，并合理运用针法，才能使其活灵活现。

鸟的种类重点区别在形状、色彩、生活习性等方面，其中最主要的是要观察它的姿态，因为姿态的表现对其生动与否至关重要。只有掌握形态、色彩等之后，才能开始研究针法特点。绣一朵花或一只鸟，首先要注意具体的表现要求是什么，明确要求和目的后才可决定用色和针法。一般绣花鸟采用的针法总称是散套针，但实际上两者在组织方法上有很大区别。散套针是有步齐的按步成皮进行的，绣鸟是稀补后加色。因此在绣花鸟时要注意两者的区别，尤其是在质感方面，花的表现要平光，而鸟的羽毛要松顺。本身鸟的羽毛有复杂的颜色，尤其在软毛的绣法上要区别于花卉的针法。

软毛是指鸟身上细软松阔的细毛片，在绣法上，采用施套的针法来表现其特点。施套针法的具体绣法是先用比较粗的线（二丝或三丝）按照丝理方向，用稀针打底，打底的色彩一般是所绣部分中间最浅的颜色，之后施色（即是表现毛丝）用比较深的色线施密，但是打底色同施毛色深浅要适当，近了毛丝表现不清，远了则显得生乱，而毛的感觉就失去了和顺的质感。

绣鸟主要是运用线条与色彩来表现羽毛的质感，因而要掌握各部分羽毛的特点。不论在针法运用、色彩处理、丝理方向、线条粗细、排针稀密等各个方面都要根据对象灵活掌握。如胸、腹部的小毛片细软松顺，称作软毛。翅及尾部羽干较粗的毛片，称作硬毛。表现方法是：软毛可通片绣制，硬毛要分层分片绣制。

在这里需要注意的是：第一，打底线条不要缩进轮廓一部分，在施毛的时候，把这部分用细线来绣，这样可使绣品结实而不感粗糙；第二，不论硬毛、软毛，凡是在下面（阴面）的，应均用深色来衬光，使毛片前后清晰；第三，在绣软毛时，凡是在上面（阳面）的，不须施毛，如头、肩、背等，因为上面的毛是贴紧在身上的，而下面如胸、腿等应施出松毛来表现毛的特点；第四，凡是硬毛连接处，硬毛在绣过软毛的部分之后，软毛盖在硬毛的上面；第五，如果遇到软毛的深浅、生花、乱或脱落时，可用中间色施在中间调和；第六，绣翅肩，先绣硬毛，再绣肩膀上的软毛，凡绣反翅应用深色把正翅的肩格绣出，其丝理是呈"人"字形。

鸟的种类很多，有锦鸡、孔雀、寿带鸟、芙蓉鸟、白头翁等，形体及色彩上各有特点，运用的针法基本相同。彩色鸟羽毛艳丽多彩，以锦鸡为例，一般运用缠针、平套、施毛、刻鳞、扎针、滚针等针法绣成。纯色鸟，如白头翁、芙蓉鸟等小鸟，以白头翁为例，一般运用缠针、扎针、齐针、接针等针法。由于色彩比较简单，故可用不同级的黄色丝线绣制。由于要使软硬毛都能按鸟的生长形态顺序绣制，因而必须根据鸟各部位羽毛的生长规律。下面举例解析不同鸟类的绣法。

芙蓉鸟 鸟身小，羽毛色黄，背深腹浅（也有带赭色者），嘴、足浅红色。翅翼与尾羽是硬毛，毛丝紧密齐整，羽干较粗。其余均系软毛，毛丝细软。尾羽、翅羽，用散套针绣。羽干按直丝理绣，羽瓣从边缘起按斜丝理绣。两片羽毛重叠处，下面一片要用深色衬光，以分清上下层次。头、背、腹部，用施针绣。第一皮按毛片生长的丝理用稀针打底，然后用同色不同级的色线（色级距离宜近）层层施密。头羽与背部边缘的毛片线条排列宜密。腹部边缘的毛丝线条排列可稀松。足，先用斜缠针绣，再用深线沿跗跖绣一道滚针，后用较深色线以扎针绣出跗跖与脚趾上的花纹。嘴，用散套针绣。上嘴受光强，色宜浅，下嘴宜深，边缘色略深。

芙蓉鸟

锦鸡 体形较大,尾羽长,有斑点,足苍劲有力。雌雄色彩不同。雌鸡全身呈赭灰色;雄鸡色泽艳丽,尾羽赭色有黑斑点,颈羽茶红色黑边,腹羽火红色,背羽绿色,边缘浅内深,近尾部的毛丝金黄色,嘴黄灰色,足赭黄色。以雄鸡为例。尾羽,用散套针绣。用赭灰色线从羽毛边缘,由浅入深,向羽干斜丝理绣。绣时,先将尾羽上斑点空出。绣完后,再用深灰色线与尾羽同一丝理绣出斑点。斑点的色彩边浅内深。斑点的排列要略有参差、大小,尾梢及羽毛的边缘,线条宜细而稀,排列也要有参差。羽干用白线直丝理,散套针绣。背羽,用散套针绣。用绿色线分片绣制,色边浅内深。近尾部的毛丝用黄线以施针绣制。颈羽,毛片比较整齐、清晰。茶红色黑边用散套针绣,先用黄线从羽干处绣向边缘,再用黑线绣边。黑、黄色线要参差相嵌。腹羽,用施针绣。用火红色线从腿部绣向颈部,色渐转深。尾上复羽,用火红色线以鸡毛针绣。嘴,用灰色线顺嘴形直丝理套针绣。眼睛,先用黑线齐针绣眼球,然后用白线短针绣出光点,四周用浅赭色线缠针绣一圈,再用灰、白、黄以滚针各绣一圈眼眶。足,跗跖与脚趾的斑纹,以齐针分节绣制,小斑点应先以散套针绣成,后加短针绣出,斑点排列要匀。

锦鸡

孔雀 体形大,颈细而长,头上有饰羽,尾羽狭长,分层折叠,开屏时呈扇形,尾羽的羽干挺拔有势,两边的毛丝稀松,梢头有眼斑(即茉莉头)。全身羽毛的色彩以蓝、绿色为主,随光闪耀,忽黄、忽绿、忽蓝、忽紫,变化无常。由于孔雀羽毛的色彩丰富,并受光线影响,有闪光作用,所以除了表现其形象、姿态外,主要是表现羽毛闪光的效果。一般运用花夹线(用两种不同色线绞合而成)、阶色线(将两色线在一起捻一捻)、不同色线条隔花镶嵌三

孔雀

种方法处理。这三种方法都是利用两种线色的相互影响及线色、反光的程度不同使其能闪闪发光。尾羽，先绣眼斑，按"人"字形丝理由内向外分圈进行（眼斑的色彩复杂多变化，在阶色时可根据具体情况灵活掌握）。由眼斑最内层绣起，先用散套针以黑线沿圈的外缘出，接着用宝蓝、藏青、赭色顺序绣满。第二圈用蓝与绿的花夹线稀针（一针隔一针）绣，再用金黄与绿色的花夹线嵌入前一皮线条的空隙，与最内层的线条横接，线条稍长一点。第三圈用秋香与赭红绣一皮，再用金黄与油绿绣第二皮，绣法与第二圈同。在第二与第三圈连接处用浅黄色线以施毛针绣。第四圈用紫色与深绿色花夹线齐针绣，排针宜稀，表现毛丝稀松的质感。在第三与第四圈连接处，用俏绿与俏蓝花夹线以施毛针绣。羽干，用散套针按直丝理绣，用灰线直套，眼斑处色深，根部色淡。毛角，细狭呈条形，用深蓝、深绿、深灰色的花夹线，运用施针、撒和针、接针绣制。条形的毛丝运用撒和针、接针绣，在毛丝中间的松顺的软毛，用浅色的绿、蓝、白等色以施针绣制。背羽，用施毛针绣。线条长短根据花纹大小而定，按"人"字形丝理从每片毛的羽干绣向边缘。第一皮用俏绿、俏蓝阶色绣。第二皮用深金黄与油绿花夹线顺前一皮丝理间隔排针。第三皮用深油绿与秋香花夹线嵌入前一皮线条的空隙间。第四皮用深灰线施稀针，边缘处可略有参差，羽干用白线按直丝理绣。由于近颈项处毛片渐小，因而排针宜稀，线条宜细而短，以便镶色。翅羽，用施针绣。用黑线稀针打底，然后用墨绿、深蓝等色线逐步施密。凡两片羽毛重叠处，用较浅线衬色，使前后层次分清。腹羽，毛片较大，色彩以俏蓝为主，可用施针绣。羽毛按"人"字形丝理从羽干绣向边缘，前面的毛片要盖过后面的毛片，使之层次复叠，最后用深青、绿阶色线以长短参差的稀针在毛片边缘绣一圈，使毛片松软灵活。

鸳鸯 一般成对出现，雄的羽毛较雌的更为美丽。绣时可先绣尾巴，用缠针绣，颜色外深内浅，翅膀毛分深淡，拼色斜做，翅膀色彩是正深反淡，一般用色是以灰色或赭色两种，背部用深绿色线，顺背部中心直铺后用刻鳞或施毛鳞表现羽毛形状，然后在每一片

鸳鸯

中用蓝线做三针来表现羽毛的方向。颈部毛有两种用色方法，一种是每一根毛分深淡，用红色或黄色套色拼做，另一种是花夹线以缠针绣，颜色是以金黄色和绿色合成花夹线。脚用缠针，依脚的丝理转折进行，然后用深色的线刻出脚上的斑纹来，可用扎针和点针。绣饰羽时用散套，根据它的形状外淡内深，颜色一般用紫色或金黄色，然后用黑线在上面打籽。腹部一般采用散套，从腿部做到腹部的中心，而进行色从红转绿。

野雉　羽毛色彩比较美丽，形状大体与山雉、锦鸡、寿带等相同，它们有着共同的特征，如长尾、冠毛等，这些鸟在绣法上亦是大同小异，仅是区别在色彩上。因日用品用料底色比较多，主要是依照不同底色来配合。要注意在绣大鸟的翅膀时要把缠针改为套针或抢针。绣法，尾巴先用白色缠针，抽羽干黑色压竹节尾毛用赭色，由浅入深，从边口绣向羽干以散套或平套针，翅膀颜色正深反浅，复羽用深浅套色，缠针拼绣（但斜度统一），肩膀同复羽在相接处施毛，颜色本色或白色均可，背部深绿，线依中心直铺后用白色刻鳞，表现出羽毛的形状，中间三针头用深蓝线施颈毛，以黄绿两色花夹线，以缠针绣，遇长处用接针绣，牡丹头用蓝套色，由浅入深，从边套向头顶（平套或散套均可），丝理按其形状，腿以红套色绣，从边口套向腹部，嘴足用赭黄，足用黄色缠针，依姿态斜绣，后用扎针或点针表现足上的花纹。

仙鹤　色彩比较洁净，有白色和灰色两种，最大的特征是嘴、足与其他鸟不同。尾羽用深灰套色缠针拼色绣，中间羽干用白色线斜做，背部中间用灰色线直铺后加白色线刻鳞针表现毛片形状，中间三针头用深灰施翅膀，以深浅套色缠针拼色绣肩胛，用灰色线由深入浅，从边口套向里面，最后在两者相接处加施白色的毛，使其连接腿、胸、头，颜色由浅入深，顺它的中心丝理，从腿起绣向头部，鹤顶用大红色直铺后加点针，嘴、足都是以深绿色或灰色线用缠针绣，后加扎针或点针来表现鸟足苍老的花纹。

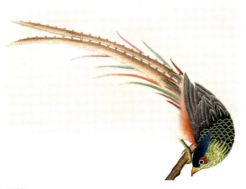

野雉

仙鹤

凤凰 刺绣用品中经常采用的一种图样，以色彩艳丽著称，因此绣时要注意调色并分清绣法步骤。凤凰尾巴长而卷曲，色彩鲜艳，绣时要先绣尾巴，色彩可一根一色或半根一色，中间的羽干须用白线绣尾端，眼斑（俗称茉莉头）要以黑、蓝、黄三色线以反抢针绣出，尾部毛片以散套或平套针绣均可，绣成后再在边缘施一圈白色稀毛，里面加打一二排黑籽。翅膀一般均以赭或灰线从外向里，以斜缠针绣上肩胛处，因毛短，可以散套针绣。背部是刻鳞针绣法，先绿线铺底，白线刻鳞，青线施出毛片形状。绣颈毛一般都用黄绿二色线合成花夹线后以缠针绣成，针迹长处可用接针连接起来。绣凤冠和颊用大红线铺底，再以黑线圈边，并加绣黑色点针以表现颊部肌肉高低不平的形状。绣脚时，先用淡赭色依脚的丝理斜捻后用比较深色的线刻出，脚上的斑纹可运用扎针或点针。绣饰羽时用散套，根据它的形状内深外淡，做好后用黑线在上面打籽。绣腹部一般采用散套，从腹部做到腿部，丝理根据腹部的中心进行，一般腹部红色，腿部绿色。绣背部后面的小尾羽，色彩可任意调配，用斜缠针绣。

翠鸟 花鸟画中经常采用的图样，因羽毛美丽而得名，刺绣技法上与翠鸟同类型的有麻雀、黄雀、白头鸟等。绣时可先绣尾巴，分清前后层次，用散套或平套从边缘绣起，每一毛片中间空一水路，尾巴色彩由淡入深，但色阶要近，不能脱节。翅膀部分可根据复羽层次循序以斜缠针分片分深淡绣出，但整个翅膀丝理要统一，色彩是正深反淡。绣背部可以头部为中心并联系肩膀丝理，以散套或平套针由淡入深一直绣至头部，与头部毛片联系，这是一般小鸟背部普遍采用的绣法，以表现羽毛松软柔顺的姿态。绣腹部一般采用散套，从腹部做到腿部，丝理根据腹部中心进行。绣脚可先用铺针，依脚的转折丝理铺满，然后用深色线刻出脚的斑纹，以素针和点针绣较为合适。

凤凰   翠鸟

鱼类

绣鱼的面部要用白线或浅灰色线以散套针绣后，再加短针。在鱼身上，先用铺针绣背部，用色是背深腹浅，再用刻鳞针绣出鳞片。用平套针绣鱼头，用色由浅入深。嘴浅色，用斜翘针绣。眼睛要用黑线，以迭针绣眼珠，再用红、黄、白三色线顺序用滚针绣三圈（每圈一色），绣制时应注意两眼视线统一。比如绣金鱼一般是头小、腹大、尾长，而以在水中轻盈浮游的种种姿态，最为美观。绣制金鱼，主要是利用纤细的线条、复杂的色彩和不同的针法，表现金鱼各部位不同的质感。

以红色金鱼为例。丝理方面，头和背部按鱼的形态直丝理绣；尾部依尾鳍鳍条生长方向，向外散开呈放射状丝理；脊鳍、胸鳍和腹鳍均按鳍条生长形态直丝理绣；腹部丝理与背部同，但由于近尾部，形状渐趋收缩，故丝理应略呈弧形。色彩方面，基本色为红黄色线，但在尾部及胸鳍、腹鳍、背鳍上因质地轻薄，又要表现金鱼在水中浮游的感觉，所以鳍的边缘要镶入水色成分的线，在背部及腹部因鳞片闪光，故需用秋香色线或深赭黄线加施于背部，以增强鳞片闪光程度。针法方面，以施针为主，接针为辅。具体绣制步骤如下。

尾鳍，主要是利用稀密排列的线条，表现尾鳍轻薄的质感。稀密排列的程序是尾梢稀，渐趋密，至尾根部紧密。色彩是根部深，尾梢淡。绣时，先以淡赭红线一丝，用接针绣出尾鳍鳍条。鳍条根部略粗，色较深，尾梢细，色宜淡，其线条方向应根据姿态灵活转折。鳍条绣好后，用淡水绿线半丝，顺鳍条丝理统一以稀针自边缘绣起。稀针排列约绣一针空两针，针脚要长短参差，以便镶色、接色。第一皮绣好后，再以同色线绣第二皮。此后，就以牛棕淡红线稀针绣三至四皮。近腹处，因尾鳍逐渐缩小，鳍条之间距离渐近，色彩亦渐转深，所以，应先以稀针铺底，再以施针根据实物色彩逐步加色。在鳍条纹上，也需加绣尾鳍色彩，使鳍条隐现而不显露。在绣尾鳍过程中，应注意线条排列平均，不能交叉。针脚长短要参差，排针时由稀到密要均匀，不能时稀时密使针脚堆积或脱节。如尾鳍游动时，有转折交叠之形态，可在前后层次交叠处，

红色金鱼

在前一层尾鳍上加施后一层尾鳍色彩，使有层次交叠的感觉。

背、腹部，统一以施针绣制。腹部铺底用一丝淡红色线，背部铺底色略深。背和腹部连接处以一丝中间色红线铺底。加色时背部应略深，背脊处尤深，胸、腹部较淡，近鳃部略深。绣成后以秋香色线一丝，按鳞片形以短稀针加施于背部，表现鳞片闪光。加施闪光色时亦应注意绣面平均，线条不可交叉。

头部，自鳃部及头骨处绣起，并与背部连接，鳃的边缘线条紧接胸部。绣法与背和腹部同（亦可采用散套针）。绣至嘴边用色略深，并用最深色线按嘴形绣出嘴缝。

眼睛，有大小之别，均可以散套针或施针绣成。如眼睛较大，应呈半圆形处理，自边缘绣起。如眼睛较小，可顺头部直丝理绣制。两种方法可根据情况灵活掌握，但必须使一对眼睛视线方向一致，高光处用色要明，使之有"透明"的感觉。

背鳍、胸鳍和腹鳍，绣法、用色、线条的稀密与尾部相同，但因鳍的面积较小，质地更轻薄，故鳍条色彩应略淡，并视游动形态顺势确定线条方向。在背鳍上，最前面一条鳍条较显著，可绣得粗壮些，用色亦略深。

以上介绍的是红色金鱼的基本绣法，其他品种金鱼除色彩外，亦可参照此法，但要根据不同情况灵活掌握。此外，为了绣好金鱼，增强表现力，在选料、画稿和配景方面还要注意几点。其一，宜选淡水绿色黄丝纱绢，因其更能衬出金鱼在水中浮游之优美姿态，如以纱绢绣双面绣金鱼，则更能增强表现力。其二，由于金鱼的尾、鳍用线细，排针稀，故轮廓线不宜显露，画样时尾与鳍的边缘应用淡墨点出极淡的轮廓，使之不成线条。其三，水草、浮萍，线条不宜密，可统一用稀针绣制，以衬托主体的色泽与光彩。

蝴蝶

蝴蝶色彩丰富艳丽，绣制时可运用多种针法表现，加强它的装饰性。绣法可分反抢和平套两种。

反抢蝴蝶，以反抢针为主，结合缠针、齐针、施毛针、滚针、切针等针法绣制。先将翅翼

蝴蝶

按纵脉分成若干行，再在离每行边缘一分左右的部位，绣一个椭圆形的莲心瓣。莲心瓣的位置不固定，可根据情况放在每一行的头、末或中间。从莲心瓣开始，按半圆形轮纹用反抢针分皮绣制，直到离翅翼室中二分左右为止。用色由浅入深或由深渐浅均可，再用缠针绣前缘及室中和纵脉。翅翼边与莲心瓣相接用反抢针绣，至此翅翼基本绣成。为增强装饰性，翅翼边上可用切针加绣一道白线，翅翼外缘与室中连接处可加绣施毛针，使之连接。身体用反抢针绣，每一批上加施针。须用黑白花夹线滚针绣。

平套蝴蝶，以平套针为主，结合缠针、施毛针、齐针、浪针等针法绣成。先用平套针由边缘向内套到超翼室中部。线条方向与反抢同。再用齐针加上斑点。翅翼上的斑纹很多，可灵活加绣不同形状的花纹，然后用缠针绣翅膀外层，最后用施毛针把短翼外缘与室中连接起来。身体用平套针绣，脚与触角用浪针绣。

猫

猫以其毛色不同，可分为玳瑁猫、黑白猫、狸猫等多个品种。不常见的有眼睛呈金银色、披若一身雪白长毛丝的临清猫、波斯猫等。这种猫虽是纯白色，但形态比较美，也很适合刺绣。在绣法上，由于品种不同，表现方法亦有所不同。普通家猫，如黑白猫、黄白猫、狸猫等，毛丝都比较短，均以黑灰色或赭黄色轮纹为特征。背部轮纹最深，尾部、腿部较浅，下颌部、胸部、腹部均为白色。绣制这种有轮纹的短毛丝的猫，主要是利用复杂的色彩，采取分层加色、浓淡参差的办法来表现小猫密集丛生、细软蓬松的皮毛。针法上应以施针为主，以便稀铺后逐步加色，达到色彩调和、转折灵活、毛丝自然的效果。

以黑白猫为例。配线方面，为使黑白轮纹绣得既调和又明显，绣线必须由浅入深成套配备。绣身体及四肢约需纯白线3支、黑灰线1套（8～10色），绣耳朵及眼眶约配红褚褐色线3～4色，绣鼻子约配粉红线4～5色，绣脚趾及腹部衬光色线约配淡褚色线3～4色，绣眼睛约配蓝绿色线7～9色。这样绣制时就可以灵活运用。丝理方面，辨认丝理是绣好一只猫的第一个关键。猫的毛丝方向是从头至尾前后上下顺序覆盖的，头部毛丝覆盖于颈部，胸腹部毛丝覆盖于腿部，这样就使整体与局部毛丝连成一体。在绣法上，可按这个规律，分成整体与局部来确定丝理，并在整体与局部中先确定中心线。在猫身上，整体中心线是在背脊及胸腹部正中，这条中心线也就是毛丝生长的对分线，使两边毛丝按不同方向顺序散开，但在绣面上很少见到完整的中心线，只能见前不见后，不能兼顾前后。由于猫活动时的姿态变化较多，因此局部中心及丝理应视其动态，依据整体中心线分布的部位灵活掌握。如为跳跃姿态的猫，其局部中心与丝理应为：头，形微侧，两边面颊角度不同，可以鼻梁为中心线，呈放射形丝理绣；颈，形微侧，以下颌部为中心线；背部，见侧面，可以背部为中心线；胸部，形微上侧，以胸部为中心；腹部，见侧面，不见腹部中心线，可顺背部丝理，逐渐顺势下垂；前腿，跳跃状，前面一条腿，以中间一趾为中心点，顺序向上确定腿部中心线，另一条腿，因被前一条腿遮没不见完整脚趾及中心线，可顺一边斜丝理绣；后腿，形侧，以中间一趾为中心点，顺序向上，确定中心线；尾巴，略向上翘，可以背部整体中心线为准，顺尾巴姿势，确定局部中心线。针法方面，以施针为主，集套针、滚针、

黑白猫

接针为辅，具体绣制步骤如下。

由于猫活动时姿态变化多，所以各部位毛丝覆盖的层次也不同，绣制时应先分清哪一部位是覆盖在最下层的，然后从最下层起绣。

脚趾，趾为毛丝覆盖的最下层，绣时以此为起点。绣法是先以三丝粗的白线，用施针依趾外形，呈半圆形由外向内绣。由于趾部位较小，丝理又要圆转，故线条宜短，第一层绣满后再用白线三丝以施针加绣一层。为了分清趾形，要以淡褐色线一丝，按趾外形，用稀针加绣。

腿部，黑白猫的腿部，大都有黑灰色轮纹，毛丝细软向下。绣时，先以三丝淡灰线将轮纹部位用稀针铺底（纹样边缘用线宜细），后用白线以稀针铺满，轮纹处用成套黑灰线以施针加色，无轮纹处用白线施满，在灰与白交接处，线条要略有参差，同时进行。加色时，亦应注意绣面匀顺，不可时稀时密，也不能以同色线并列两针。一般规律是第一批三丝线条，绣一针空两针；第二批起则用二丝线条插入第一批线条空隙；第三批插入第二批线条的间隙；第四批起，线条可略有交叉，以使深淡色线显露少许，毛丝更蓬松。绣满后，加施衬光线时，线条可略有交叉，至最后，在轮纹处可用黑线一丝施一层稀针，线条可略向上跳二三丝，以分清前后层次，又有毛丝飘起的感觉。

尾巴，黑白猫的尾巴，大都是纯黑色或有黑灰色轮纹。绣时，以三丝淡灰线用稀针铺底，如有轮纹，轮纹处应用深灰线铺底。其后，就由稀到密逐步加色（绣法步骤与腿部同）。

身体，黑白猫背部有黑灰色轮纹。绣时，轮纹处先用三丝淡灰线铺底，再以白线铺满全身（加色的步骤与腿部同）。至最后，由于要表现毛丝覆盖的层次，可用一层黑线插入第二层轮纹上，而线条方向也可比原来丝理向上跳二三丝，以分清层次。绣至背部、腹部边缘，绣线宜细，一丝左右，遇弯曲毛丝，可用接针绣成。

头部，除了和身体一样要表现毛丝外（绣法与身体同），更重要的是要正确表现眼、耳、鼻、嘴、须、眉等细小部位。

耳朵，分内外层，边上有一条耳郭。外层毛丝以黑色为多（绣法与身体同），内层呈赭红色，毛丝方向横斜于两边耳郭上与耳郭成横直丝理，毛丝细而轻松，线条为半丝左右。绣时，

先用白线接针绣出耳郭，再以淡赭红线三色，分批用接针绣内层毛丝，色彩可视绣稿深淡加色。耳根部毛丝较密，用色略深，排针宜密，飘出耳郭之毛丝，用色略淡，排针宜稀，使之轻薄。

眼睛，分眼眶、眼白、眼珠、瞳孔、高光点五个部分。由于眼睛部位较小，要以集套针绣制。又因色彩比较复杂，所以绣线要细（约一丝或两丝），针脚要短，排针要匀，镶色时更应注意深淡不能脱节。先绣眼白，用淡蓝线以集套针自眼眶边缘绣起，绣好一圈后，可视绣稿色彩浓淡加色。在接近眼珠的一圈，应用白线套一皮，使眼珠有发光的感觉。其后，绣眼珠，可按眼白放射形丝理，用蓝线紧接绣第一层，再用五六个色级的深蓝色线分批加色。这时，应特别注意"藏针"。套二皮后，针脚已接近瞳孔线，可将瞳孔线空出，待绣好眼珠后再绣。瞳孔线绣成后，再用白线绣上高光点，以表示外来光在瞳孔中的反映，增强真实感。最后绣眼眶，可沿眼的边缘，以红线三色用滚针绣二至四圈即成。眼眶一般是眼角两端阔一些，约绣四圈，中间狭一些，约绣两圈。色彩可视绣稿深浅确定。

鼻子，顺鼻子直垂丝理，以散套针绣。边缘要绣得齐整，并要注意两个鼻孔之间中心线的部位，以免变形。先用淡红线一丝自鼻子边缘出边，针脚宜短，排针要密，套时可视画稿色彩浓淡，逐步加色，绣至嘴缝时，用色略深。最后可用深红线绣中心线，再在鼻孔处加绣几针短针。

嘴，紧闭时，呈"人"字形，用淡红色线滚针绣。绣时，可紧接鼻子绣一条双线"人"字形线条即成，第一条滚线用色略淡，第二条用色稍深。

须眉，猫的须眉较长，近弧形向左右散开。绣时，可用白线一丝，以滚针绣成。须根部略粗，左右须、眉的长度要相等，形状要对称，防止两边不对称而损害猫的神态。

以上介绍的是绣普通猫的技法。若绣长毛猫，如波斯猫，以全身披有纯白色的长毛为特征。绣制这种单色的长毛猫，主要是按照毛的卷曲方向和上下覆盖的层次，采取分缕衬光的办法来表现软绵的毛丝。因此，在针法上应以施针和接针为主，其中施针便于衬光，接针便于将长毛丝绣成卷曲灵活的自然形态。两种针法的结合运用，基本上可达到色泽鲜明、形态逼真的效果。

3. 植物类绣法

花卉

花卉种类繁多，姿态万千，是刺绣的重要题材之一。下面择11种有代表性的花卉（花叶），介绍其具体绣法。

梅花　绣制时首先须注意花心、花瓣轮廓要正确，花瓣要齐要圆正，花心形状是根据花的外形来决定的，即外形圆的花心也圆，外形呈椭圆形的花心亦要呈椭圆形，以便使花与花心的形状统一。花瓣丝理主要是以花心为中心，绣时第一批出边丝理要向里合抱一点，以便使花瓣丝理能向花心集中，梗的丝理是正抢针斜绣，但在绣的过程中也要顺着它的形态转折，以

梅花

菊花

兰花

萱花

便使梗的上下分枝连接起来。梅花的色彩较简单，但必须把花的正反瓣色彩分出来，应该是正瓣深反瓣淡，花苞深于花瓣，花蒂更深。一般配色有红梅、绿梅两种，淡色底料以红梅为多，深色酱红、大红底料以绿梅为宜，针法绣花瓣以平套为宜，花梗以正抢针较合适，以表现整齐平匀的特点。

菊花 种类较多，常见有黄、红、紫、白等颜色，花瓣分条纹卷曲和尖瓣圆头等形状，色彩艳丽，形态各异。刺绣图样中采用范围较广，以狭瓣圆头菊花为例，说明其绣法。菊花花瓣狭长一般可采用斜缠针的绣法，从花心绣起，这样可达到既省工又美观的要求。但如有花瓣较润，斜缠针不能应用时，可用斜套或正抢针来绣，花梗亦用缠针，叶用抢针。绣时，应注意花的深浅层次要有步骤地从外层浅逐步过渡到花心深，配色要和谐，菊花绣法是日用品中较简单的一种花卉。

兰花 其花瓣与菊花相似，绣于实用品上一般采取斜丝理平套针的办法，用淡绿色线先绣花瓣，花心亦是先用淡绿线铺底，再以紫红色线施出花蕊。兰花叶狭长，刺绣上称苗叶，无分筋，可用缠针从根部绣起，但苗叶转侧瓣、反瓣较多，绣时应注意二者丝理与正瓣丝理的区别和联系，使之有转、侧、正、反的感觉。

萱花 因花瓣中间有一主筋凸起，刺绣上称为抽筋花，其同类型的花有杜鹃、苍兰、玉簪、蝴蝶花等，绣法相同。萱花形状似喇叭花形，以主筋表现花瓣形态，所以绣时要先把主筋绣出，然后再绣花瓣。但必须注意花筋要头端细而根部粗，花瓣丝理因分筋关系而成"八"字形，但在近花蒂部分丝理也要集中，在花蒂中心这样做可使整朵花的形状挺拔有力。其次，在绣花的侧瓣和反瓣时，要注意与正瓣丝理的区别和联系，免于脱节。萱花的色彩以黄花红斑点白花筋为多，但也有红色、紫色来调配，可

以根据底料颜色来决定花瓣色彩，一般是正瓣深、反瓣淡，花苞更深，花瓣以平套针为宜，花筋叶子以斜捻针为宜。

荷花　有红、白两种花瓣颜色，呈橄榄形，两端尖而中部宽大，花心有绿色莲子及黄色花蕊，绣时须注意此特点。绣花瓣以平套针，外层花瓣用色较淡，内层花瓣较深。绣第一批（出边）时必须从花瓣阔宽部分绣起，这样可以使花瓣色彩相称得当，形态自如。其次，在相色时要注意色阶距离要近，避免色彩脱节，绣莲蓬及花心可先用绿线铺底，再加绣黑点以表现莲子凸起，外面花心里须在上面加绣一排黄子表示花蕊。

荷花

芙蓉　为重瓣花的一种，同类型的有扶桑、蜀葵等，花瓣重叠层次多，筋脉明显，在刺绣上称施筋花。此类花的花瓣质软、多卷曲，绣时主要是以花筋来表现柔软卷曲的姿态，因此施筋是最主要的，一般是绣好花瓣、花心后就用白绿加施花筋在花瓣上，花筋丝理也是以花心为中心，从花心向外呈放射状丝理绣出，但必须注意施筋的距离要匀，针迹要短，花瓣色彩是深出边淡套、淡出边深套均可，可根据绣底颜色来决定，先用平套针绣花瓣，用滚针绣花筋。芙蓉叶是正瓣深、反瓣淡，用正抢针分筋绣成。

芙蓉

玉兰　有紫玉兰和白玉兰两种，亦有单瓣、重瓣之分，在刺绣图样中都常采用。以重瓣为例。玉兰花瓣肥大呈椭圆形，盛开时有九个花瓣，含苞时一般只见三个瓣，但多转折瓣，开放的花瓣丝理可以花心为中心，半开放的或侧形的可以花蒂为中心，按照花瓣形状成放射状丝理，从外向里绣，侧瓣丝理要根据正瓣形状确定，并与正瓣丝理联系。玉兰花色彩较简单，正反瓣色彩相同，淡出边深套，花蒂苞壳用赭色线绣后再以深赭色线绣几针点针以表现苞壳上之绒毛。绣花和苞壳用平套针，绣梗可根据粗细程度决定粗梗用正抢针，细梗用斜捻针。

玉兰

牵牛花

牡丹

荷叶

月季

牵牛花　亦名喇叭花，是抽筋花的一种，但由于牵牛花花瓣是圆形的统一体，无单一花瓣，因此绣时先用白线绣筋，再以平套针深出边淡套的方法从四周绣起。牵牛花不论绣底颜色深淡，都是深出边淡套，但花瓣丝理也要集中在花心里，反瓣或卷瓣也要对正花中心。叶的绣法是正抢针分筋，绣花茎及藤用缠针。

牡丹　重瓣花的一种，与芍药同类型，花叶丰盛，层次重叠，形状美丽。牡丹在刺绣图样中以盛开姿态为多，绣时特别要注意分清层次以及正反瓣的转折丝理。花瓣层次是以水路为界线，因此水路要绣整齐，转折瓣与正瓣形状要相联系，花瓣丝理要以花心为中心，折瓣丝理要与正瓣丝理统一，呈合抱形。花的色彩有紫红、大红、淡红、黄、紫等几种，刺绣上可以根据底料来决定色彩，一般绣花的配色是外层最淡，花心较深，折瓣较淡，但色阶间要近要调和，免于色彩脱节。针法是绣花以平套针为宜，叶以正抢针较合适，梗是斜捻针，但在近根部之粗梗时要用正抢针分批绣成。

荷叶　抽筋叶的一种，由于荷叶形状呈圆形，叶脉全片从横叶筋凸起，绣时可先用淡绿色线绣叶筋，然后再从周围出边成集套形丝理，用平套针套入，这样就可使叶脉凸出，叶片色彩和谐。荷叶色彩是正瓣深而反瓣淡，绣时要注意正反瓣丝理和色彩。正反瓣丝理均要集中在叶柄上；正瓣深而反瓣淡，叶筋色亦是正深反淡；折瓣层次要分清丝理亦要集中于中心；卷瓣嫩荷叶可用色彩来分出柔嫩形态，用色要淡。

月季　花色有深红、淡红、黄、白等，同类型的花有香水蔷薇等。月季主要是花瓣多层次重叠，正反、转侧瓣多，绣时必须把层次及转侧瓣界线分清。绣花瓣以平套针，从花心绣起，用色是内

层深、外层淡，花瓣用色是正瓣深、反瓣淡，花苞深，叶子色彩是叶柄深、叶尖淡。绣花丝理是以花心为中心，内外层花瓣丝理都要向着中心，花瓣边缘要形状圆转自然，侧瓣丝理要与正瓣丝理联系，叶子是正抢针分筋绣，但两边斜度要相等。

瓜果

　　瓜果的种类及形状较多且各不相同，有身细而长的，也有身短而胖的，甚至还有身上有轮子的。但针法上，各类瓜果的绣制没有太大区别。在刺绣时，为了便于运用针法及明暗线条方向变化，可按以下方法进行操作。

西瓜

瓜　一般采用套针绣。以有花纹的西瓜为例。刺绣时需分片进行，中间一片按直丝理平套，从瓜脐绣向瓜蒂，呈一弧形。用色外浅内深、外深内浅均可。为了表现瓜皮上的花纹，在每一颗外缘用黑线滚一圈，再用横针压在滚绣的线条上。像冬瓜、南瓜（北瓜）、西瓜、佛手等同类型的瓜果，一般都用斜套（即齐套）用色由淡到浓递增。

南瓜

果　基本上平滑无皱纹，皆采用平套针绣制，从边缘套向果柄，绣桃子则相反。如绣石榴，则先用花夹线（花夹线用深绿、浅黄色合成）运用接针绣外层果皮，然后以白线用缠针绣果皮内层。石榴子凸起呈粒状，绣法有两种：一是刻鳞针绣红色铺底，白线刻籽；二是以抢针分粒绣出。石榴用色上一黄一绿，同一色批的或是一色浅黄、深绿并成花夹线。绣法用接针绣果皮，隔皮用缠针，中间籽先用铺针后，用刻鳞来表现出一米点的籽。但像苹果、桃子、葡萄、枇杷之类，皆适宜采用齐套，从花蒂处套向果柄，以满足丝理色彩的变化。

石榴

4.景物类绣法

山水绣法不同于动物、植物等单独个体，如小猫要表现生动活泼的形象，小花要突出娇艳欲滴的姿态，因为山水的画面辽阔，山峰有高深，出没于烟雨之中。山水的绣法主要利用色线和针法来表现画面山水之远近、高深以及各种自然景色及其丰富的内容。

山水

绣山水用散套针、虚实针、缠针、滚针、接针等针法，采取粗细结合和虚实结合的线条、由稀到密的排列方法来表现自然界山、水、树、石的远近层次以及建筑物的形式。近山线条宜粗，排列要密，绣轮廓线条的针迹要齐，转折处的轮廓线条要挺直，以表现山峰峻峭的气势。绣时，先以深色线用缠针绣山的轮廓线，再以浅色线用散套针（或擞和针）按直丝理从山峰至山脚顺序绣制其中凹凸不平的山石，要用深浅色线分块面绣出。远山一般在云雾中，因而用线宜细，以虚实线条按直丝理从山峰绣起，越近山脚，线越细，色越浅，渐与周围绣雾气的线条相接。雾以白线用虚实线条直丝理绣，线条宜细（约半丝至一丝），针脚宜短，排列稀而均匀。与山连接处先绣山，后绣雾，丝理要一致。近坡先以深色线用缠针绣轮廓，后按斜丝理用擞和针绣制。远坡用虚实线条按斜丝理绣，用色宜浅。

水有两种绣法。一种是用滚针绣出水纹；另一种是用虚实线条绣出水面，近处的线可略粗，排列稍密，越往远处色越浅、线越细、排列越稀，使水有由近而远的感觉。如绣波浪亦可用虚实绣，近处的水浪大，丝理按波纹起伏方向绣制；远处水波起伏隐约，丝理可渐趋平直。

树木亦是绣山水的主要内容之一，常绣的有松、柏、柳、竹等。绣时，一般先绣树干，后绣树枝，最后绣树叶。如绣松树，先用斜缠针绣出树干上呈鱼鳞斑纹的轮廓，然后用浅一色的线以擞和针绣，线条与绣斑纹的轮廓线条相衔接，绣后再用深色线加绣，使斑纹清晰。如绣较模糊的斑纹，可在绣树干后，用施针绣出。树枝色比树干略深，丝理按姿势能斜则斜，能直则直。斜的用斜缠针绣，直的用擞和针绣，但要和老树干的丝理连贯。松叶用滚针绣。由于松叶茂密，层次重叠，宜分组绣制，线条可有交叉。又如绣柳树，树干的丝理可按姿势能斜则斜，能横则横，用擞和针绣。柳条先分组用稀针铺底，再用斜缠针、滚针绣。柳叶用斜缠针绣。远树的绣法与近树基本相同，不同的是线宜细，排列要稀，绣轮廓的线色宜浅，针迹要互有参差。山上的草则用滚针、斜缠针绣。

建筑物的绣法主要在于要正确掌握横直角度，分清前后层次，将轮廓线绣直。先用接针绣出建筑物的外形轮廓，然后用擞和针绣制。屋顶上的瓦垄先用浅色线铺底，后以深色线用滚针绣出瓦纹。屋内地面用虚实线条绣。

风景

绣风景一般采用缤纹针，由于画面景物不同，绣法要灵活运用。绣天空运用横斜交叉的线条进行。第一批运用两绒粗的线条稀针打底；第二、第三批用一绒的线条逐步加密。线条由粗趋细，组织由稀至密。按先淡后浓、远浅近深的规律加色，直到符合绣稿的要求为止。如天空

风景

有朵朵白云（指朵云），则先将朵云的部位留出，待天空绣完后，按白云形状，用白线二绒打底，再用由粗到细的线条加色。在朵云周围要略用豆灰、赭红、湖蓝等衬色。如天空有片片浮云，则先将云片的部位留出，待天空绣完后，再用一绒或半绒的线绣片云，边缘的线条要与绣天空的线条参差，并用绣天空的色彩衬色，使云有片片轻薄的感觉。如绣轻飘的云彩，在天空绣完后，用二丝到三丝的线按云彩的部位在绣面上疏疏密密地绣一层。由于绣在表面，线条细，排列稀，因此绣出的云彩有随风飘动的感觉。

　　风景绣中的水面一般比较平静，倒影清晰可见。运用横斜线条绣，线条交叉不宜过乱。先用二绒粗的线条稀针打底（如水面有波纹则宜先绣），然后用一绒渐至半绒的线一次再次施稀针加绣。绣时，要避免同色的线条重叠，使不同色彩交叉的线条受光的影响，反映出不同的色泽，远看，水波似在微微地荡漾。最后，绣出在阳光下水面反射的闪光，并加绣阳光的色彩。绣水的色彩根据绣稿要求，掌握先浅后深、远浅近深的规律。

　　在绣水的第一批线条绣完后，即用一绒细的线横斜交叉，以稀针绣出倒影的部位，以后每加一批绣水的线条，亦要加一批绣倒影的线色。不同色的线条间隔交叉，相互影响，使映在水面上的倒影隐隐约约，似随波微动。绣倒影的色彩要比岸上的物体深暗一些，如倒影在流动的水浪中，则轮廓不宜清晰，只需模糊形象。绣时，可先将流动的波浪绣出（波浪色要明，波纹色宜暗，表现波浪流动起伏的形状），最后再加上倒影的色彩。

　　风景中还有一类内容就是静物。静物存在远近，内容以花卉、花瓶等为主。陶瓷或玻璃的花瓶，要注意由于质地不同而显示出的明暗差别，在实际绣制时要在线条粗细、线条组织及色彩处理等方面有所区别。如玻璃线条宜细，运用一绒的线稀针打底，半绒细的线加色，绣制上要先用稀针绣出花梗部位与液体的固有色彩，用花瓶的固有色绣出瓶的形体，再根据瓶、梗和液体的三种色彩交错加绣，并加上环境的反映色，最后绣高光部。由于玻璃的反光强，高光部的线条要细、色彩宜明。如绣陶质的花瓶，用线可略粗，交叉宜乱，线条方向按瓶的形状横斜交叉进行。刺绣顺序是先绣花瓶的固有色彩，后加环境的反映色，最后绣高光部。由于陶器的反光程度弱，因而高光部分的色、光与其他部分的差距不宜过大。

《汉代刺绣针法》（苏州博物馆藏）

《汉代刺绣针法》之长寿绣（苏州博物馆藏）

（四）汉代刺绣针法

1973 年，苏州刺绣研究所开始着手研究长沙马王堆汉墓出土刺绣品，在针法研究室李娥英的建议下，使用尼龙绡作为刺绣底料，并于 1975 年 9 月根据出土文物原件，成功对其进行了复制，总结出了《汉代刺绣针法》，对于厘清汉代刺绣风格和针法特点具有重要意义。

1. 长寿绣

马王堆汉墓刺绣衣物及用品均以针代笔，以线代色，运用锁绣、平针绣等针法绣成各种生动图案。凤为古代传说中的祥瑞之物、不死之鸟，寓意长生不老，遣册称之"长寿绣"。马王堆辛追墓出土的这件绛红绢地长寿绣，以锁绣针法绣出变形云纹、花蕾、枝叶及在漫卷流云中的凤纹侧面像。

辛追墓出土绛红绢地长寿绣残片（湖南博物院藏）

辛追墓出土赭黄纱地印花敷彩茱萸花残片（湖南博物院藏）

2. 茱萸花

　　马王堆辛追墓出土赭黄纱地印花敷彩
茱萸花残片，是目前世界上发现最早的印
花与彩绘相结合的丝织品之一，也是中国
古代涂料印染方面的杰作。图案由枝蔓、
蓓蕾、花穗和叶组成，外廓略作菱形，四
方连续，错综排列。枝蔓部分线条婉转，
属于印制。描绘的蓓蕾、花穗和叶则具有
笔触的特征。

《汉代刺绣针法》之茱萸花（苏州博物馆藏）

3. 铺绒绣

马王堆辛追墓出土起绒锦，又称绒圈锦、起毛锦。以多色经丝和单色纬丝交织而成，表面图案呈现具有立体感的大小几何纹绒圈，起到了"锦上添花"的立体效果，是迄今所见最早的起绒织物之一，是汉代织锦工艺的创新与发展。常用作绵袍领和袖的缘、香囊的底，以及几巾和枕巾的边饰等。

辛追墓出土起绒锦（湖南博物院藏） 　　　　《汉代刺绣针法》之铺绒绣（苏州博物馆藏）

4. 信期绣

信期绣图案采用锁绣针法用朱红、棕红、深绿和金黄等丝线，绣成流云、卷枝花草和长尾小鸟等。变形长尾小鸟似燕，寓意"似燕归来"，故墓中遣册称这种纹样为"信期绣"。马王堆辛追墓随葬罗地信期绣物品有近20件。

辛追墓出土黄褐色菱纹罗地信期绣香囊（湖南博物院藏） 　《汉代刺绣针法》之信期绣（苏州博物馆藏）

5. 蚕纹绣

　　图案结构较为简单，多作蚕状，每单元约长 15、宽 10 厘米。通幅都是三组，两侧各留有约宽 7 厘米的空白。在马王堆汉墓出土的所有刺绣品种中，这类绣品绣工最为粗糙，花纹也很简单，但纹饰图案的寓意亦有祝福吉祥的含义。

辛追墓出土绛紫绢地蚕纹绣（湖南博物院藏）

《汉代刺绣针法》之蚕纹绣（苏州博物馆藏）

叁

绣品佳作

传唐阎立本此画刻在普陀山杨枝庵，石碑宽 1.2、通高 2.5 米，故世称"杨枝观音"。像为立式，头戴天冠，高堆髻的发型上饰以各种珠簪、金钗、珍宝和步摇。只见观音身着天衣，项佩宝珠璎珞，双腕戴镯，帔帛绕臂，下服长裙，外围蔽膝，彩缕琏玉，跣足踩莲，左手托白玉净杯，右手拂杨柳翠枝，雍容华贵，慈祥端庄。

作品选用发绣，顾名思义是以人的头发代替绣线，是苏州传统绣品之一。作者考虑到底本为碑刻，以精选处理过的头发代替丝线，但头发本身质地较丝线坚硬，故多采用缠针、滚针及网绣等针法。以熟练的技艺合理运用刺绣中的传统针法，以严格认真的态度、一丝不苟的精神，精细刻画，原作的每一个细节都交代清楚，处处到位，使观者虔敬肃穆，具有浓重的宗教气息。

仿唐韩干《牧马图》横式台屏

内芯　纵 29.5 厘米　横 36.2 厘米

绣品画稿系唐代韩干《牧马图》。图中黑白双马，一位虬须戴腰插马鞭的奚官骑于白马之上，右手执缰缓行。双马体形健黑马身配朱地花纹锦鞍；人物神态自然，衣纹疏密有致，柔相渗。此作线条纤细遒劲，结构严谨，用笔沉着，神采生另一面为 1993 年前苏州国画院院长吴羖木❶所书古人评化干《牧马图》的诗词，赞颂了韩干对人物与马匹高超的写水平，其画风对后世影响很大。

绣品用针平服、细腻，不见针迹，丝理转折自如，各部开精确不失原意，在绣法上利用虚实针点绣，使主从分明。

丝理变化和顺、光亮，突出了马膘肥劲健的体态；人物双
炯有神，体格高大，生动形象。此作画艺与绣理融而为一。

吴羖木（1921～2009年），名彭，号小铟，浙江石门人（今
属桐乡市崇福镇）。幼年随父著名画家吴待秋迁居苏州。
1943年毕业于复旦大学经济系，后在中国银行上海国库局
任职。1958年应聘执教苏州工艺美术专科学校。1981年任
苏州国画院副院长，1990年任苏州国画院院长。

仿北宋赵佶《芙蓉锦鸡图》双面绣地屏

内芯　纵 76.0 厘米　横 48.7 厘米

刺绣选稿北宋时期宋徽宗赵佶绘制的双勾重彩工笔花鸟画《芙蓉锦鸡图》。 此画以花蝶、锦鸡构成画面，画中两只芙蓉花半开，一只锦鸡蓦然飞临，压弯了枝头，打破了宁静，枝头还在颤动，而锦鸡却浑然不顾，已回首翘望右上角那对翩翩起舞的彩蝶，跃跃欲试。左下角一丛秋菊迎风而舞。整幅画层次分明，疏密相间，充满秋色中盎然的生机。画面右上有赵佶自题："秋劲拒霜盛，峨冠锦羽鸡。已知全五德，安逸胜凫鹥。"右下角有签名画押，据说为"天下一人"四字拼合而成。

此绣作的针法运用丝理变化，针对每一细节审其势、运其针、施其丝，以绣丝进行细致的刻画，就如鸡足细小处也一丝不苟，通过精细的绣艺处理，使绚丽多姿的芙蓉花朵平贴如绒，闪闪生光。技法上，以斜针绣锦鸡身，再以细线条短针衬光，使羽毛蓬松，用施毛针、平套针绣尾部，施套针绣腿，铺针、扎针绣脚，斜齐针和浅针绣翅膀，蓬松针绣颈头，齐针、切针绣嘴，生动地表现出锦鸡身各部分的不同质感。技艺上，锦鸡胸部毛丝细软松顺，翅羽重叠面不相贴。通过绣艺处理丝光表达，使所绣花鸟栩栩如生，展示出了画作所不能达到的艺术效果。整幅绣品艳而不俗，保持了原画历经久远岁月的气息和风貌。

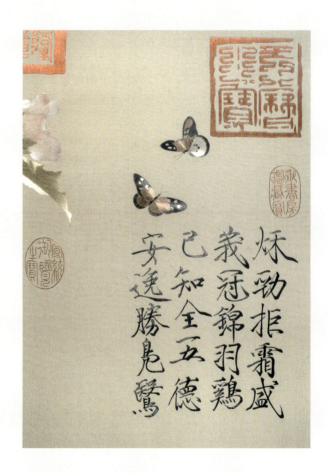

绣品画稿为《红蓼白鹅图》绢本设色画，据传为宋徽宗赵佶所作。图中绘有河岸边的红蓼与白鹅，红蓼从水岸边斜出而长，枝叶茂盛，枝头盛开着黄色花朵，在红蓼下的浅渚上，蹲伏着一只红嘴大白鹅。这只白鹅体形肥硕，扭首曲颈，正回首理翎，神态安详，眼黑如豆，但目光凝然似欲睡之态，略显慵懒。周边河面平静，水边有许多细小卵石，河岸边花草杂生。另一面绣意景诗词。

原作工笔、粗笔兼用，色彩丰富，层次分明，构图洗练，形象明快优美，既朴素淡雅，又不失雍容华贵的风采。绣品取针法之长，绣法之优，适度运用深浅彩线，分成细丝，对画中的细节进行了细致刻画，由于绣艺的再创造，白鹅羽毛松顺闪亮，更增添了生动活泼的意趣，是一幅名画与精绣相得益彰的佳作。

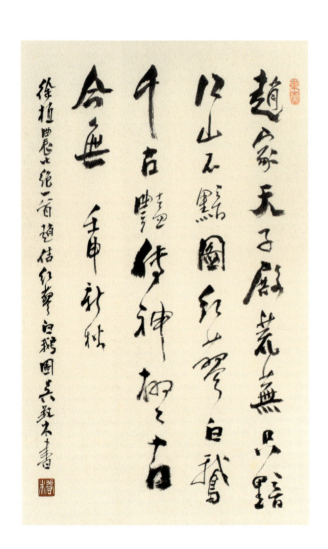

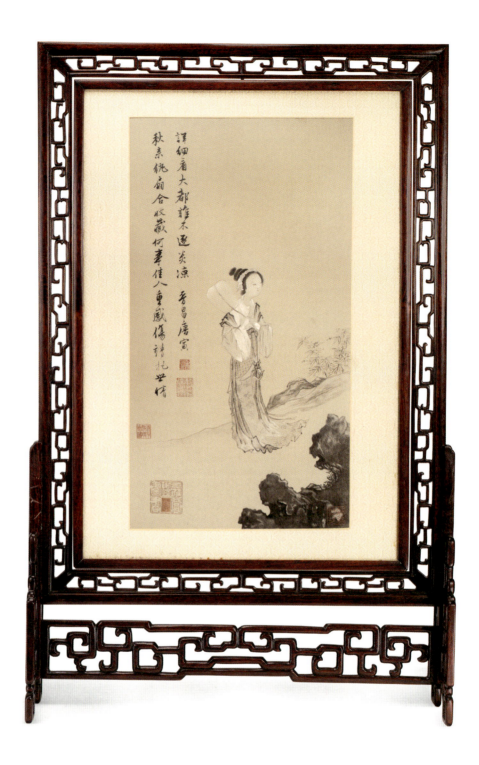

仿明唐寅《秋风纨扇图》台屏

内芯　纵57.8厘米　横31.4厘米

绣品画稿系明四家之一的唐寅所绘《秋风纨扇图》。图中描绘了坡地上一容貌姣好的女子，手执纨扇，侧身凝望，风鬟雾鬓，绰约如仙，衣带干净利落，随风飘动。女子眼神颇为生动，满含凄婉之情。身旁衬双勾丛竹，身前湖石生出。左上角唐寅题有一诗，诗云："秋来纨扇合收藏，何事佳人重感伤。请把世情详细看，大都谁不逐炎凉。"该画为唐寅绘画的代表作，不但将人物形态刻画得十分准确，线条如飞，墨色如韵，还把画家本人的心情展现得含蓄而丰富，直接而妥帖。另一面绣唐寅所作《桃花庵词》。

此幅绣品，不论用色还是用线，都做到了一丝不苟，体现出刺绣的独特韵味。如工笔小竹叶，就使用了四五种深浅色线来表达用笔轻重的墨色浓淡；又如曳地暗花长裙，是以浅色虚绣裙底，再加以深色细丝，最后补绣上面图案花纹，这样处理后，花纹清晰可见，又不显生硬。

詳細端詳大都難不遁炎凉　晉昌唐寅

秋來紈扇合收藏何事佳人重感傷請托幽情

仿明代顾绣《一品当朝》挂屏

内芯 纵 77.5 厘米 横 35.0 厘米

品源于一品官补子图案，构图简练，造型生动，具有极高的
饰性，寓意吉祥。画面绘有一仙鹤立于岩石之上。鹤为羽族
长，被称为"一品鸟"。在我国传统的鸟文化中，鹤是"一
之下，万人之上"的祥瑞禽鸟，地位仅次于凤，借喻人臣之极，
常用鹤作为一品官补子的图案，用鹤表一品。"潮"与"朝"
音，仙鹤当潮水而立于岩石，寓意"一品当朝"，表示官位
高，主持朝政。整幅绣品色彩明朗，以红日、白鹤、蓝面为
色，深暗红绣如意行云。绣品精细，绣工地道，刺绣丝缕方
横绣云、竖绣石，恰到好处地利用了横直丝缕的不同效果，
次展示了明代顾绣的特色。

仿明李士达《瑞莲图》台屏

内芯　纵 46.5 厘米　横 19.0 厘米

绣品画稿取自明代李士达《瑞莲图》。万历三十四年（1606年），李士达在友人家中欣赏并蒂莲花既可人又是佳兆而戏写此景。虽自谦不善花枝，但画作构图别致，石、莲均呈直立之式，叶石相依，双莲衬叶占画幅三分之二，显得亭亭玉立。笔墨清润，以墨画石，浓淡相晕，展现湖石的玲珑变幻；以汁绿画叶与干，行笔流畅，深浅交融表向背；莲花则以白描法勾画，倍觉清雅。这份韵致在花卉立轴中并不多见。另一面绣意景诗词。

绣品素凡高雅，色彩洁净协调，绣工细腻，绣线虚实得体，色丝相接和顺，手法表现达到写意画水墨韵味的艺术效果。画中美石，颇有神韵，瑞莲以细丝虚绣，不脱原作画意，画面通过细微认真的刻画及绣线丝光表现，使作品更为姣丽洁净而明亮。

仿清任熊《万峰飞雪图》台屏

内芯　纵 37.3 厘米　横 27.0 厘米

仿清任熊《万丈空流图》台屏

内芯　纵 37.3 厘米　横 27.0 厘米

两幅绣品画稿是清代画家任熊的传世名作《十万图册》中的两开。全画共十开，系泥金笺本，青绿设色。原作笔法高占，色彩华丽，意境深邃，并且富有装饰趣味。作者充分运用了金笺纸的底色作用，由于所用的墨色淡薄，山石底部的金色若隐若现，使整幅作品炫目苍莽。其中，《万峰飞雪图》描绘了寒冬里朔风凛凛、白雪满山的景象；《万丈空流图》则描绘了展目远望水天一色，近处岸边巨石耸立，湖水泛起层层波浪，呈现出大自然的野趣。两幅绣品用散套针、虚实针、缠针、滚针、接针等针法，采用粗细结合与虚实结合的线条，以及由稀到密的排列方法，来表现原作画稿中的山、水、树、石的远近层次及建筑物的形式。

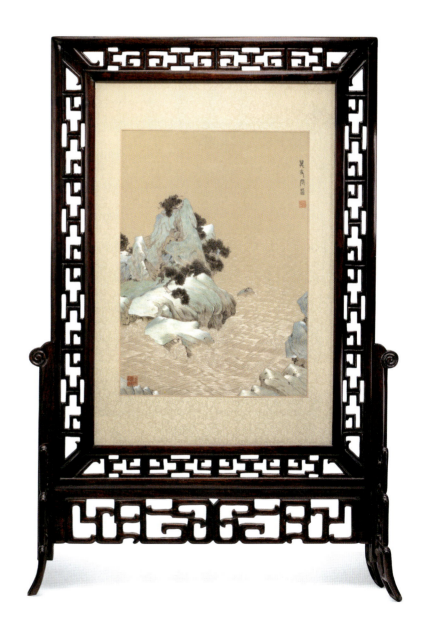

仿齐白石《葡萄螳螂图》挂屏

内芯　纵 93.7 厘米　横 37.5 厘米

品画稿来源于国画大师齐白石之大写意水墨淡彩画《葡萄螳
图》。一篮青紫色葡萄，一片水墨叶子，一只青色螳螂立于
两之上。整幅画作色彩高雅简洁。绣品主要采用层层加色的
针及虚实针等针法，恰到好处地表现墨色与彩色，绣出的叶
达到了墨分五色的韵味效果，而绣葡萄则以青紫混合加色，
每一粒中又各有主色。在葡萄的丝理处理上，以形态圆转线
表现粒粒饱满，又以虚针突出了螳螂的生动情趣。绣品根据
篇干湿浓淡的不同，丝丝不失画意，色彩变化丰富柔和、转
而顺。由于充分利用了丝光特有折光作用，使葡萄更显晶亮
月，给人一种秀丽清雅的艺术效果，并充分体现出了刺绣的
刂造。

绣品画稿为徐悲鸿《奔马图》。原作采用豪放的泼墨和劲矫
线描写意方法，着重刻画出马的神韵与气质。画中的六匹马
骏、矫健、轻疾，颇有"瘦骨铜声"之美感。头小而面长，
壳直立，颈部有鬣，四肢各有一蹄，长尾疏洒有致，身形强
有力，生气勃勃。其眼雄威美观，面部显筋纹，腿蹄瘦而有
毛短而紧密。绣品延续了原作水墨的写意方法，把墨分五色
绣丝充分表现出来。针法上，以散套针和施针为主，身上的
先套后施，毛尾和鬃毛则用稀的接针绣。

此画稿以 1959 年陈之佛为庆祝新中国成立十周年而创作的工笔花鸟画《松龄鹤寿》为底本。画面描绘了十只在青松间怡然自得的仙鹤。原作突破了中国传统花鸟画的常规，把十只仙鹤不分前后大小一字排开，有的引吭高歌，有的俯首软语俯仰顾盼，呼应唱和。其中鹤顶的丹红和苍松草地的翠绿形成鲜明对比，更加衬托出白鹤的美丽形象，又显得十分和谐。这是一件祝愿国家基业长青的主题性作品。绣品运用缠针、扎针、齐针、套针等针法绣制。缠针绣尾羽，平套针、施羽针绣身，缠针、套针、施羽针绣翅膀，斜丝理套针绣冠羽，施毛针绣额与颈相交处，齐针直绣眼睛，滚针绣眼眶，斜缠针绣嘴部，都先用缠针绣，后用深线以扎针绣出花纹。整幅绣作谨精工致，神完气足，意趣盎然，将画家陈之佛妍雅、明洁秀润的画风表现得淋漓尽致。

品画稿为中国工艺美术大师徐绍青的工笔画《银羽红岩》。
面以白孔雀为主，红崖墨竹相托，竹叶墨色虚实有致。绣品
用白色丝线，以接针、滚针、施毛针等多种针法绣出美丽
尾羽，再用铺针、刻鳞针绣身体，施针、滚针绣翅膀。每一
羽毛和羽绒都处理精细，不仅如受微风拂动，而且光泽丰润，
有质感，突显其针法的严谨和细腻。孔雀的眼睛用线条极
为切针、接针绣，辫子股针勾勒眼眶，使其目光闪烁，极为
神，再以深色的丝线运用施套针、斜缠针、切针绣头部及嘴部，
头嘴与白色羽毛对比强烈。整幅绣面光洁匀称，生动活泼，
如一只活的白孔雀亭立于峻秀的红崖之上。红崖较大，用抢
戗平套针，按直丝理自外而内分批绣制，用色由深到浅，背
墨竹。白孔雀昂首向阳，全身放射出银白色的光辉，高雅文静，
羽如生。

仿徐绍青《银羽红岩》双面绣地屏

内芯 纵 89.5 厘米 横 52.5 厘米

《蝴蝶花卉》双面绣台屏

内芯 纵 38.5 厘米 横 45.5 厘米

此幅绣品蝴蝶色彩丰富，形态各异，以多种针法绣制，主要
为两类。其一，反抢蝴蝶，以反抢针为主，结合缠针、齐针、
施毛针、滚针、切针等针法绣制；其二，平套蝴蝶，以平套
为主，结合缠针、施毛针、齐针、滚针等五种针法绣成。叶、
竹采用缠针、抢针、平套针、齐针等针法绣制。山石面积较
多用抢针或平套针，按直丝理自外而内分批进行，用色由深
浅。而菊花的绣制技法则分为花瓣和花心两部分。花瓣用平
针根据花的形状绣制，由外向内套向花心，线条方向均朝花心
花心用浅黄色丝线以齐针绣制，再用深黄色丝线在上迭绣，
出花蕊，使花朵更富层次。

《金鱼》双面绣台屏

内芯 直径 24.0 厘米

金鱼在民间多被寓以和平、幸福、美好、吉祥、富贵之意，金鱼本身体态优美、色彩绚丽、温文尔雅，与苏绣线绒细密气韵生动、鲜艳夺目的特点相吻合，所以苏绣中表现金鱼的品很多。金鱼品种繁多，色彩和形状也随品种不同而各有特，一般是头小、腹大、尾长，尤以在水中轻盈浮游的种种姿态最为美观。绣制金鱼，主要是利用纤细的线条、复杂的色彩不同的针法，来突显金鱼各部位的不同质感。

此幅绣品用平套针绣鱼头，用斜缠针绣嘴部浅色部分，用黑以迭绣针绣眼珠，用旋转针绣眼眶，用铺针绣鱼背，用刻鳞绣鳞片，而尾部轻薄如纱以虚针绣制，腹部肥厚则以实针绣，恰到好处地表现出金鱼各部分的特点。最后，用滚针绣水草形象生动而富有质感。

牡丹，花大而艳丽，是著名的观赏花，牡丹向来被比作花中王，具丰韵之姿，有富贵之态，极富丽堂皇之致。白头翁，部的毛黑白相间，民间常用来比喻夫妻和睦，"白头偕老"。"头富贵"寓意夫妻和谐，生活美满，两厢厮守到老。

此幅绣品中，牡丹色彩艳丽，花瓣的层次前后重叠，姿万千。除以鲜明的线色来表现花之艳丽外，还运用丝理转折现其多姿的形态。花瓣用散套针，花心用齐针或散套针绣制牡丹叶较阔，用抢针按叶的外形边缘分批向内进行，绣完后再用滚针绣出叶上的茎脉。白头翁的尾羽、翅羽用散套针绣头、背、腹部用施针绣制，嘴用散套针绣制，足则先用斜缠针绣再用深线沿跗跖绣一道滚针，后用较深色线以扎针绣出跗跖脚趾上的花纹。整幅作品富丽堂皇，生趣盎然。

作品一面为黄白猫，另一面为黑白猫，运用散套针、施针、实针等技法，猫眼着重以集套针、滚针绣制，螳螂上部为施针，腿足则施以滚针。整幅作品构图精妙，针法活泼，层次丰富，极富立体感。

《猫戏螳螂》双面异色绣台屏

内芯　纵 74.0 厘米　横 51.0 厘米

仿清任伯年《群仙祝寿图》十二联通景屏风

全屏风　纵 180.0 厘米　横 260.0 厘米　单幅内芯　纵 74.0 厘米　横 18.0 厘米

绣品为李娥英指导 19 位中青年艺人绣制而成，一面为《群仙祝寿图》，另一面为绣制记文，配以精细雕花红木框。

《群仙祝寿图》是清末著名画家任伯年的巨作，表现的是西母庆寿蟠桃会的隆重富丽场面，可谓独具匠心。画中描绘了路神仙由地面、空中和海上分路共赴寿筵的情景，共 46 个人物，场面宏大。画家将人物划分五组，每组之间又相互关照、疏

变、错落有致。构图采取交叉重叠式展开，活泼灵动，穿插木、花鸟、山石、建筑、海水、云雾，画面丰富而统一。其色明快、鲜活，朱砂、石青、石绿在泥金的画地上浓彩淡染，见了画家宽广、奇特的表现手法。

幅绣品，绣法意在针先，随类运针，配色、施艺、设计等方考虑周密，共选用包括齐针、散套针、施套针、虚实针、戳纱、打籽、施毛鳞针、拉锁子针、拟绒针、点子针、格锦、滚针、接针、乱针、扎针、编针、鸡毛针、盘金、锁绣、钉珠、钉线、虚针在内的20余种针法。用线粗细、排针稀密、丝理转折变换、色彩明暗搭配等，均不离苏绣"精、细、雅、洁"之特色，整幅绣品的绣丝以一丝为主（即一根花线的1/12），两丝、半丝为辅，绣工细腻、不露针迹，丝光明亮活跃，色彩富而不乱、鲜而不俗，转色自然柔和，前后层次丰富，主题突出，刻画精细，

是苏绣之上品。作品取稿于名作，然经绣艺配合，更增光彩，尤其是充分发挥了刺绣丝光转折迁动的艺术特点，使作品光彩四溢，更具艺术魅力。具体针法运用如下。

齐针 绣树、花及紫色叶子。此种针法最为基础传统，针迹具有平、匀、边缘齐为刀切之特点，由此使所绣的部分有明亮而活跃的效果。

散套针 绣仙子衣裙、荷花、芦苇、芭蕉、瑶池等。此种针法针迹有高低、参差，使绣色如渲染、丝理转折自然。以其所表现出的花卉平滑、姿态自然，人物服饰飘逸、柔软。

虚实针 绣满天祥云，层次密布。此种针法有虚实针迹变换自然的特色。依针法之长，绣出的云层有风吹云动如流水的效果。

点子针 绣仙山、顽石，质感结实而位于层次之前。此种针法特点是以短针参差，针迹不相接，依针迹阴影减少丝光，达到石质砂粒结实的效果。

施套针 绣青鸾、孔雀等飞禽的松毛。此种针法由稀针层层施毛，绣青鸾细毛，可使其羽毛产生软、松、顺的艺术效果。

扎针 绣青鸾爪表皮，表现出其规律的纹理，逼真而富质感。

打籽针 绣漂浮海面的树舟、蟹、石台等。此种针法绣出的物体具有结实感和无光泽的特点（因蟹在人物之后，免于光泽而跳在鱼的前面等）。

拉锁子针 绣掌扇边框。此种针法最早见于南宋周禹墓出土绣褡裢，是古为今用的一种针法。

乱针 绣蟾宫上面的房顶。此种针法乱而不匀，用它表现草富有稻草的实感。

格锦 绣蟾宫中地坪，有砖切之感（格锦采用两种统长绣线两种横、直角度编绣而成，由于角度不同，虽是用一种白色线却能呈现明暗两种色的效果），同时也能节节踩。

拶绒针 绣掌扇扇面。此种针法多用在清代挂件之上，具有锦的效果，现代绣品并不常用，这幅作品上运用拶绒针法表现了苏绣技法的古为今用。

钉珠 用珊瑚珠钉绣掌扇云水花纹上的红日。

盘金 掌扇中的云纹和西王母的项链，均用金线点缀。

编绣 绣仙翁身背的笠帐和仙子手捧的花篮，使其有竹编之

实感。

施毛鳞　用施毛的方式，既能表现孔雀细小的毛片，又能表现毛片毛茸茸的质感。

锁绣　绣寿星旁一年轻仙子的束腰带，因其有编结之形，可表现其质感。此种针法即辫子股，是刺绣的始祖，在古代刺绣中发挥了极大的作用，直到湖南马王堆汉墓丝织品出土时才发现平绣，是将古老的刺绣针法用于现代作品的实例。

棍针（滚针）　绣人物衣纹及海波等条形。

接针　绣水、云等，在本作品上仅起到辅助作用。

鸡毛针　绣器具及建筑物上的横、直合角处，起点缀作用。

戳纱　绣整幅画面的边框，以绫裱之用。

钉线　用两股丝线捻紧，钉在瑶台等建筑物的边缘作轮廓线。

虚针　绣蟾宫的帐幔，用针稀、丝细来表现丝绸柔软轻薄的材质。

《群仙祝寿图》记文如下：

苏绣《群仙祝寿图》，璀华神韵，巧夺天工，平、齐、细、密、和、光、匀、顺，特色具备。群仙祝寿图稿本，为晚清大画家任伯年手笔；导绣者，当代工艺美术大师李娥英。任伯年，名颐（一八四零年至一八九五年），浙江山阴（今绍兴）人，精工山水、花鸟、人物，深得宋人双钩法神韵，识者称为十洲后中国画家第一人，《群仙祝寿图》为其代表作品之一。李娥英，一九二六年生，现年六十五岁，江苏吴县木渎人，十岁随母学绣，迄今已从艺五十余年。绣艺高超，驰誉中外，对苏绣之发展尤其对苏绣针艺绣法之整理提高，卓有建树。晚年为筹集"刺绣基金会"基金，率领数名艺徒在苏州阊门店"苏绣艺苑"精心制作《群仙祝寿图》十二幅通景屏。绣总高八十二公分、阔二百六十四公分，采用散套、虚实、缠打子、戳纱等二十多种针法三百多种线色，最细部分用一线分成四十八根，精工细作，历时二载（一九八九年五月一九九一年五月）绣制而成。此绣品乃李娥英毕生绣艺之总娥英谱六法，精绣理，调丝配色，自然成章。绣品天然浑成既富质感，复多气韵。众仙神采寿庆瑶池，好一派美妙欢乐界，跃然绣间。画绣贵在稿精，更需绣精，相辅相成，始上品。苏绣《群仙祝寿图》，名画名绣，珠联璧合，堪称绝佳作传盛世，祝之贺之。

一九九一年辛未秋九月，吴山记于金陵劝业村舍，八十六叟孝思书于苏州。

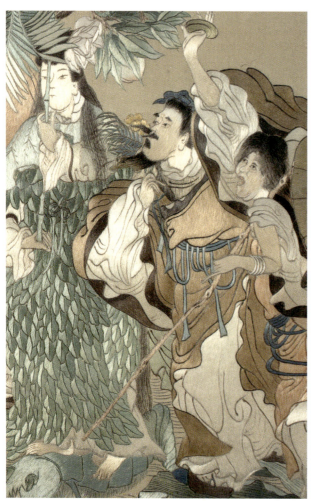

蘇繡群仙祝壽圖璀璨華神韻巧奪
天工平素細密積光勻順特色具備
群仙祝壽圖稿本為晚清大畫家

任伯年手筆導繡者當代工藝美
術大師李娥瑛
任伯年名頤（一八四零年—一八九

五年）浙江山陰（今紹興）人精工山
水花鳥人物深得宋人雙鈎法神
韻識者稱為仇十洲後中國畫家

第一人群仙祝壽圖為其代表作
品之一
李娥瑛一九三六年生現年六十五

歲江蘇吳縣木瀆人十歲隨母學
繡迄今已從藝五十餘年繡藝高
超馳譽中外對蘇繡之發展尤其對

蘇繡針藝繡法之整理提高卓有建

肆

荣誉年表

一 个人荣誉

（一）国家级荣誉

1956 年 4 ~ 5 月，出席全国先进生产者代表会议，首次见到毛泽东主席及其他国家领导人，并荣获奖章。

1956 年全国先进生产者代表会议出席证、奖章及合影

（第二排右起第二人为李娥英）

1958 年 12 月，出席全国妇女社会主义建设积极分子代表大会，作大会发言，并荣获奖章。

1977 年 5 月，因在毛主席纪念堂工程建设中表现突出，被毛主席纪念堂工程现场指挥部表扬。

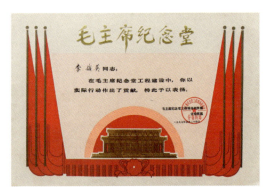

1977 年毛主席纪念堂工程现场指挥部颁发的奖状

1979 年 8 月，加入中国工艺美术学会、江苏省工艺美术学会，并任江苏省刺绣分会理事；与徐绍青、顾文霞一同出席全国工艺美术艺人创作设计人员代表大会，被授予"工艺美术家"称号（第一届中国工艺美术大师），并与国家主席等领导人集体合影留念，作大会发言，荣获奖章。

1979 年全国工艺美术艺人创作设计人员代表大会证书及奖章

1983年中国妇女第五次全国代表大会代表证

1983年9月，当选为中国妇女第五次全国代表大会代表，并为主席团成员。

1983年国家轻工业部科学技术先进工作者证书及奖章

1983年9月，被国家轻工业部评为轻工业科学技术先进工作者，并于10月出席全国轻工业科技工作先进集体、先进个人表彰大会。

1986年6月，出席全国轻工业集体企业第三届职工（社员）代表大会。

1988 年中国工艺美术大师证书

1990 年国家轻工业部颁发从业三十年贡献
证书

2005 年中国工艺美术学会授予中国工艺美术
终身成就奖证书

1988 年 4 月，出席第三届全国工艺美术艺
人、专业技术人员代表大会，并作题为《耕
耘在工艺美术百花园中》的大会发言，会
上被国家轻工业部重新授予"中国工艺美
术大师"称号。

1990 年，被国家文物局织绣文物鉴定培训
班聘为指导老师，撰写讲义惠存于南京博
物院。

1990 年 3 月，"从事工艺美术行业工作
三十年，为我国工艺美术事业的发展做出
了贡献"，特此获国家轻工业部表彰。

2005 年，被中国工艺美术学会授予中国工
艺美术终身成就奖。

国家级非物质文化遗产项目苏绣代表性传承人证书及奖章

2007年6月，被国家文化部授予国家级非物质文化遗产项目苏绣代表性传承人，并于2008年2月获得奖章。

2012年8月18日，被中国工艺美术学会评为首届中国刺绣艺术大师。

（二）省级荣誉

1958年江苏省第二届人民代表大会代表当选证

1958年9月，出席江苏省第二届人民代表大会。

1959年，被评为江苏省劳动模范。

1960 年江苏省"三八"红旗手奖状

1960 年 3 月，被评为江苏省社会主义建设"三八"红旗手、江苏省科学技术先进工作者。

1964 年江苏省第三届人民代表大会
代表当选证

1964 年 4 月，出席江苏省工交、基建、财贸先进工作者代表大会，并被评为先进生产（工作）者（1980 年 12 月补发）。

1964 年 7 月，出席江苏省第三届人民代表大会。

1978 年江苏省科学技术先进工作者奖状

1978 年 5 月，出席江苏省科学大会，为大会主席团成员，并被评为江苏省科学技术先进工作者。

1978 年 10 月，出席江苏省工艺美术系统工业学大庆会议，并被评为江苏省工业学大庆标兵；被江苏省轻工业局评为副总工艺师。

1978 年，出席江苏省工艺美术创作设计艺人代表会议。

1979 年 2 月，出席江苏省第五届妇女代表大会，并当选为执委。

1980 年 10 月，出席江苏省工艺美术学会成立大会。

1981 年，被评为江苏省劳动模范（1982 年 6 月授予）。

1981 年江苏省劳动模范证书

1982 年 4 月，出席江苏省工会第七届代表大会，当选为委员，并为主席团成员。

1982 年江苏省劳动模范合影及奖章
（第一排左起第三人为李娥英）

1982 年，被评为江苏省劳动模范（1983 年
5 月授予）。

1984 年 7 月，载入江苏省妇女联合会主编
的《江苏女杰》。

1986 年江苏省工艺美术学会特发荣誉证书

1989 年江苏省高级工艺师资格证书

1986 年 11 月，获江苏省工艺美术学会（为鼓励从事工艺美术事业取得优异成绩）特发荣誉证书。

1987 年 12 月，当选江苏省工会第八次代表大会代表，并被选为江苏省第八届工会委员。

1989 年，被江苏省工艺美术专业高级职务评审委员会评为高级工艺师。

1992 年 9 月，出席江苏省文学艺术界联合会第五次代表大会、江苏省作家协会第四次代表大会。

1996 年 1 月，被江苏省轻工业厅授予"江苏省工艺美术刺绣大师"称号。

1996 年江苏省工艺美术刺绣大师证书

1961 年苏州市劳动模范奖状及奖章

1961 年，被评为苏州市劳动模范 (1962 年
9 月授予)。

1962 年，被评为苏州市先进生产者（1963
年 3 月授予)。

1963 年，被评为苏州市先进生产者 (1964 年 3 月授予)。

1963 年苏州市先进生产者奖状及奖章

1965 年 4 月，出席苏州市五好职工和先进集体先进生产者代表会议。

1965 年 12 月，列席苏州市第六届人民代表大会。

1966 年 1 月，出席苏州市科技协会第四届代表会议。

1966 年苏州市"五好职工"奖状

1966 年 4 月,获苏州市"五好职工"称号。

1977 年苏州市科学实验良好成绩奖奖状

1977 年 12 月,获苏州市科学实验良好成绩奖;与徐绍青一同当选为苏州市第五届科学代表大会代表,并当选为委员。

1977 年,被评为苏州市先进生产者(1978 年 4 月授予)。

1979 年 12 月,因在 1959 ~ 1961 年度连续被评为苏州市劳动模范,特发苏州市劳动模范荣誉纪念奖状及奖章。

1979 年苏州市劳动模范荣誉纪念奖章

1980 年 11 月，当选为苏州市第八届人民代表大会代表。

1980 年，被评为苏州市劳动模范（1981 年 4 月授予）。

1981 年 1 月，出席苏州市工艺美术学会成立大会。

1981 年，被评为苏州市劳动模范，加授"优秀工艺家"单项荣誉称号（1982 年 4 月授予）。

1981 年苏州市劳动模范奖状及奖章

1981 年 6 月，被评为苏州市优秀共产党员。

1982 年苏州市优秀共产党员奖状

1983 年苏州市第九届人民代表大会代表当选
证书

1982 年 6 月，被评为苏州市优秀共产党员。

1983 年 3 月，当选为苏州市第九届人民代表大会代表。

1984 年，作为特邀代表，参加苏州市科学技术协会第六次代表大会，并为主席团成员，任常务委员。

1984 年 4 月，作为特邀代表，出席苏州市1983 年度劳动模范、先进集体和先进生产（工作）者表彰大会。

1985 年 3 月，出席苏州市第七次妇女代表大会，并为主席团成员。

1987 年 7 月，出席苏州市工艺美术学会第二届会员大会；获苏州市工艺美术学会（1981 ～ 1987 年间任学会第一届理事）荣誉证书。

1989 年，任中国工业合作协会苏州市分会理事。

1997 年 12 月，获苏州市人民政府（表彰其 124 件绣品无私捐赠给国家）特发荣誉证书及"绣苑大师"奖章。

1997 年苏州市人民政府颁发的捐赠作品证书

2006 年 10 月，作为特邀嘉宾，参加苏州博物馆新馆竣工开馆典礼。

2015 年 2 月，被苏州市工艺美术行业协会、苏州市工艺美术学会授予工艺美术终身行业贡献奖。

2015 年苏州市工艺美术终身行业贡献奖证书

二　获奖情况

1955 年，创作的双面绣《五彩牡丹》插屏获江苏省手工业联社一等奖。

1956 年，创作的双面绣《彩鸟》获苏州市合作社奖；用虚实针绣制的《双鲤鱼图》，被故宫博物院收藏。

1957 年，复制韩希孟刺绣珍品《纺织娘》册页，被上海博物馆收藏。

1959 年，指导绣成大型双面绣《十鹤图》《春江水暖》《玉兰鲤鱼》，均陈列于人民大会堂江苏厅。

1962 年 9 月，绣制的戳纱书签、钢丝布手提包获苏州市工艺美术系统 1962 年上半年度优秀作品三等奖。

1963 年 2 月，绣制的双面绣《葡萄小猫》获苏州市工艺美术系统 1962 年下半年优秀作品二等奖，作品陈列于人民大会堂江苏厅。

1963 年，复制韩希孟刺绣珍品《洗马图》，被故宫博物院收藏。

1964 年，绣制的单面彩色《纳赛尔肖像》，作为国礼赠予埃及总统。

1977 年，为缂丝《西江月·井冈山》作品刺绣戳纱边框，受毛主席纪念堂嘉奖。

1979 年，徐绍青设计、李娥英指导、赵朴初题词的刺绣作品《长江万里图》在全国工艺美术艺人、创作设计人员代表大会上展出。

1981 年，主研的《戳纱针法研究》获苏州市年度科技成果二等奖；生平亲手绣制了最后一幅综合绣《普贤佛像》，此作品于 1989 年参加全国工艺家作品展览后，被中国工艺美术馆珍宝馆收藏。

1982 年，主编的《戳纱图案三百幅》针法汇编获苏州市年度科技成果一等奖，受全国科技大会嘉奖；游伟刚设计、李娥英指导、周春英与陈幼梅等绣制的双面异色异针绣《梅花》入

选中国工艺美术百花奖参展作品；指导绣制的双面三异绣《松鼠葡萄》、双面绣《双湘图》获中国工艺美术百花奖金杯奖。

1983 年，指导绣制的双面绣《金鱼》获波兰波兹南博览会金奖。

1983 年 5 月，指导绣制的双面三异绣《松鼠葡萄》、双面发绣《寒山寺》、打点戳纱绣《一团和气》、双面绣《双湘图》分别获苏州市工艺美术系统 1981 ～ 1982 年度创新产品特等奖、二等奖、三等奖、四等奖。

1983 年 11 月，参与绣制的《开国大典》被苏州工艺美术公司评为"工艺美术之花"。

1984 年，指导绣制的《海鹤竞翔》获中国四大名绣设计二等奖。

1985 年，负责的"明定陵出土刺绣百子衣复制工艺研究"获苏州市科技进步三等奖。

1986 年，指导绣制的《姑苏繁华图》绣屏获江苏省工艺美术学会荣誉证书，指导复制的故宫博物院藏清乾隆帝龙袍被浙江省丝绸博物馆收藏。

1987 年，挖掘传统工艺品"糖娃娃"获全国旅游品评比三等奖。

1996 年，在上海南翔古猗园举办个人作品展。

1997 年，在苏州市吴作人艺术馆举办个人作品展。

2002 年，作品参加江苏省工艺美术大师精品展。

2006 年，作品获苏州市工艺美术精品奖金奖，获江苏省"艺博杯"特别奖。

2008 年，参加中国南京文化产业交易会，作品获江苏省"艺博杯"工艺美术精品奖之工艺制作奖。

伍

追忆大师

学生口中的老师 ——

我叫余福臻，是第五届中国工艺美术大师，也是 1958 年举办的第一届刺绣专修班的学员。当时，李娥英老师是我的班主任。我们这一届是四年半制，也是最长的一届，用现在的话说，算科班出身。李娥英老师善于动脑筋，肯钻研业务，我很崇拜她，不仅因为她开创了现代双面绣，发明了飞禽走兽所必用的施套针法，首创透明尼龙绡作绣底，极大地提高了金鱼、小猫等绣品的观赏价值等，更是因为她孜孜以求地传承和发扬苏绣艺术的奋斗精神。

1980 年我在赶制的双面绣《沙发双猫》（摄影稿），是参加江苏省、全国评比的重点选送作品。当时，双猫已绣完，李老师提议背景沙发上的白色镂空装饰布用传统的网绣针法绣制，因为网绣针法组织变化灵活，由三角形、菱形、六角形等线条相扣，形成各种花纹。但我在绣制中碰到了问题，白色镂空装饰布的边缘弧度与紫红色的沙发融合得不十分协调，李老师见状就放下自己的工作与我一起研究探讨，经过反复琢磨试制，最终完美地解决了这一问题。作品从局部到整体和谐统一，因此在 1981 年获得了江苏省科技四新二等奖，又在 1982 年获得了中国工艺美术百花奖优秀奖。像这样在绣制中碰到问题是经常的，李老师作为针法研究室主任帮助解决的事举不胜举。她一生始终把帮助别人，特别是刺绣上的问题，当成她义不容辞的责任与使命。1984 年，李老师由于身体原因从针法研究室主任退居二线，刺绣研究所安排我担任针法研究室主任，李老师还是一如既往地关心针法研究室的各项工作，给予我诸多帮助与支持。我作为她的学生常常被她感动，心中深深敬佩。

李老师一直谦虚地表示，她所取得的一切成绩，都是因为党和国家的培养，是在大家的共同努力下才取得的。她认为，荣誉和奖励不属于个人，还经常把自己获得的奖金分给那些与她并肩工作的同事们。

儿子眼里的母亲 ——

我叫邱斐，是李娥英的儿子。母亲离开我们已经四年多了，在我眼里她不光是我慈祥的母亲，更是我尊敬和崇拜的杰出女性。从小到大我都没离开过母亲，她所讲的点点滴滴，所做的桩桩件件，耳濡目染，都早已印刻在我的脑海里。

印象最深的是在"文革"期间，母亲因父亲的原因导致政治生涯受到牵连，党员的组织生活也被叫停，但母亲对此毫无怨言。即便是在这种处境下，心中想的还是怎样为刺绣事业献策献力。当时刺绣研究所要赶制一批出口长带，其中需要用到包梗线来绣制，但包梗线早已失传，市面上无处可求，只能自己发掘仿制。为了试制包梗线，母亲把我们家的一台手摇按摩器给拆了，作为试验工具。最终包梗线试制成功了，我家的按摩器也就光荣"牺牲"了。

刚刚改革开放时，刺绣研究所要创作新品，需要真金来泥底，但当时又批不到金子，母亲义无反顾地把自己的结婚戒指熔化了，打制成金粉并无偿献给单位使用，成就了世上首幅泥金底双面绣《幽禽图》的诞生。

母亲对长辈极其孝顺，这对我的影响很大。有一次，我和邻居的几个小朋友约好去城外郊游，外婆给了我五分钱，说走累了可以坐坐公交车。最后，我舍不得坐公交，来回都是走的。我知道外婆喜欢吃油炸的慈菇片，我就用这五分钱买了一包。结果在回家的路上下起了大雨，我就把衣服紧紧地兜住这包慈菇片，淋着大雨赶回了家。当外婆吃到我买的这包慈菇片时非常激动，甚至这件事情在外婆弥留之际还在念叨。母亲看到我淋湿的身子，第一次心疼我，眼眶都湿润了，动情地喊了我一声"乖囡"。此时我淋湿的身体是冷的，但我的心是暖的，因为我的行动得到了母亲的肯定，她的这次肯定，甚至定格了我一生敬老的意识。

母亲不光孝敬双亲的长辈，还对左邻右舍也施以援手。记得我们有位老邻居身边没有子女，我们都称呼她"三好婆"。有一次，她生重病没人照顾，母亲就把她接回我家住，就像对自己的母亲一样无微不至地照顾了几个月，这种精神深深地影响到了我们后辈。

在我手里，留有唯一的一张与母亲年轻时的合影。当时单位考虑母亲工作高负荷运转，被安排去无锡疗养院休养，这在当时是国家对职工的一种关怀和照顾，可是对于她来说，却是一个千载难逢的学习机会，此时正逢她对截纱针法进行整理。当其他的同事都在打牌或出去逛街的时候，她却在疗养院进行笔记整理，有时为了避开喧闹的病房，她就冒着夜晚的寒风独自到食堂去继续整理。直到我去无锡探望她时，才第一次走出疗养院陪着我到隔壁的太湖鼋头渚风景区转了转，也有幸留下了这张珍贵的合影。

母亲的言传身教，不但影响了我的人生，也潜移默化地影响了我的女儿。即便是在女儿上高中期间，她也到我的工厂打工，切实体会到赚每一分钱背后的辛苦与汗水。所以在她出国留学期间，相当一部分开支，都是她自己打工赚来的。在我们的心中，母亲已然不是普通意义上的长辈，而是我们最为敬仰和崇拜的偶像！

徒弟心中的师傅 ——

我叫汤慧琴，1987年中学一毕业就跟着李娥英老师学习刺绣，应该算跟着李老师最久的一位徒弟了。所以，李老师在我心中既是严师又是慈母。

李老师把在生活中看到的点点滴滴，都会与刺绣联系在一起，比如"这个月季可以绣成双面绣""郁金香绣在领带上应该很不错"……她对绣制刺绣作品的要求更是一丝不苟，记得还在"苏绣艺苑"时，李老师手里一直都会拿着把剪刀，看到绣品上有绣得不好的部分，就直接用剪刀剪掉，让我们重新绣制，哪怕是有一个针脚不合适，也不会放过，都会剪掉重绣，直到达到她心中的标准才能过关。

我们在刺绣作品绣制过程中，李老师总是在旁认真指导，而且在遇到难题时能让大家展开热烈讨论，也能虚心听取各家之长。她在工作期间从来不会谈论家长里短，可见其认真负责的态度。

李老师在生活中一直很俭朴，直到她弥留之际，家里摆放的还都是跟了她几十年的老家具。就是这么一位朴素的老人，在单位遇到稀缺的绣线或工具时，会毫不犹豫地用自己的钱把材料买下来。生活中对待我们也是体贴照顾，记得有段时间我身体不好，李老师就经常亲自炖汤，送到我家给我补身体，让我非常感动。因为我很早就离开父母学习刺绣，那段时间真的很感激李老师，她让我真真切切地感受到了母爱。

同事身边的榜样 ——

我是黄晓洁，1978年11月进入苏州刺绣研究所第三届刺绣专修班学习，毕业后留所从事苏绣实践、整理与梳编苏绣技艺、技法等工作，直至在原中国苏绣艺术博物馆副馆长位置上退休。

李娥英老师一直是我心中敬仰的前辈，印象最深的一次与李老师深入交流是在1984年，当时所里安排我参与《苏州刺绣研究所所志》的编修工作。李老师作为研究所元老，我向她了解建所前后的情况。为了更准确地整理所志，李老师在一个周末约我去她位于梵门桥的家中，她不光准备好了相关资料，还细致地一一讲述给我，时间到中午还没讲完，平易近人的李老师就留我在家中吃午饭，饭后也方便继续讲。记得李老师烧的红烧肉味道绝佳，正宗苏式的烧法，那滋味我至今还难以忘怀。

2006年我到中国苏绣艺术博物馆工作后，开始接触到刺绣文物的修复、复制工作。让我记忆最深的是2008年，当时我馆接到为上海博物馆复制一件顾绣《石榴小鸟图》的任务，上博规定原件不能出库房，但可以申请在库房观摩。记得当时我陪着已耄耋之年的李老师无数次去上博比对原件，一一记录细节后再回苏反复试样。她对待工作那种一丝不苟的敬业态度，深深地影响了我。通过这次复制任务，让我学到了当下刺绣很少使用的明代针法，如拋绒、钉针、冰纹等。

我有幸与李老师成了忘年交，彼此相互理解、信任。记得在2017年，91岁高龄的李老师接到要拍摄国家级非遗传承人抢救性工作，她开始时婉言谢绝，但在她心里是多么希望在有生之年把她钟爱一生的刺绣技艺毫无保留地记录下来，传承下去啊。但她认为确实年事已高，有点力不从心。李老师电话告诉我此事，并希望我帮她一起完成她的心愿。李老师对我的这份信任，使我无比激动，便立刻答应下来，马上着手准备拍摄事宜，拍摄内容、所涉及的人与事均须经过李老师认可才开拍。拍摄持续了月余，李老师精力虽有限，但她对刺绣的往事就如发生在昨日一般信手拈来。可敬的李老师的一生，堪称一部当代苏绣发展史样本，她为刺绣而生，对苏绣的那份执着追求，永远成为我们的榜样。

外国人诗中的大师 ——

1982年6月，江苏省工艺品展销会在澳大利亚墨尔本举行，李娥英指导完成的双面三异绣《鹦鹉仕女》作为展销会展品轰动了整个墨尔本，而她的现场刺绣

表演更是吸引了大批慕名而来的观众。

　　展销会期间，当地各大报刊和电视台的记者接踵来访，纷纷发表文章和照片。著名的女诗人奎佩斯观看了李娥英的刺绣现场表演，更是激动得即席作诗相赠，题为《江苏瑰宝》（姚正琦译）。

庄严的墨尔本展览馆大厦，
沐浴着金色的秋天夕阳；
姊妹省州——江苏省和维多利亚州，
在这里共庆着中国工艺美术展。

为了探望李娥英，
我满怀希望急切地把楼登；
穿过忙碌的木工身旁，
他们正在为盛大的接待而操劳。

我仿佛进入了天宫般的仙境，
在月洞门内会见了您，
又好似是与诗中织女相会，
我们互换着礼品……欢呼，欢呼！

您那乌黑的柔发轻轻地飘拂，
用那深思沉着的笑脸相迎，
看，您凝视着绣花绷上的精美刺绣，
蓝色丝线像扬子江水在逶迤延伸。

各色丝束是您的调色板，
把绣线劈成五彩缤纷的霞光，
千针万线绣出绝妙的宏图，
赢得观众惊叹不已的赞叹！

可爱的"小猫"，
洁白的绒毛惹人爱恋，
鲜艳的红绸结，
闪光发亮的眼睛，
一副调皮的神态，
好像向你咪咪叫，
而这些都盎然在您美妙的画面上。

我们，异国的姊妹即将分别，
我憧憬着西施的美传，
更钦佩娥英的苏绣魅力，
玉指好似微风拂过花絮，
又描绘出海市蜃楼的美景！

参考文献

（一）专著

[1] （清）沈寿《雪宧绣谱》，翰墨林书局，1929 年。

[2] 李娥英《苏绣技法》，轻工业出版社，1965 年。

[3] 苏州刺绣研究所《日用苏绣图案》，轻工业出版社，1981 年。

[4] 林锡旦《苏绣漫话》，江苏人民出版社，1981 年。

[5] 孙佩兰《苏绣》，轻工业出版社，1982 年。

[6] 朱凤《苏绣》，教育科学出版社，1993 年。

[7] 林锡旦《苏州刺绣》，苏州大学出版社，2004 年。

[8] 张道一《道一论艺——艺术与艺术学文集》，苏州大学出版社，2008 年。

[9] 孙佩兰《吴地苏绣》，苏州大学出版社，2009 年。

[10] 吴山主编《中国工艺美术大辞典》，江苏美术出版社，2010 年。

[11] ［澳］玛格丽特·李《苏绣进阶技艺》，河南科学技术出版社，2022 年。

（二）其他

[1] 《苏州刺绣研究所所志》，1985 年。

[2] 《李娥英日记》（1956 年 3 月至 2011 年 12 月）。

针启华章

中国工艺美术大师李娥英的箫艺人生

Needle Embroidering Gorgeous Chapters

Chinese Arts and Crafts Master

Li E'ying's Artistic Life